Hubertus Halbfas

Unterrichtswerk für die Sekundarstufe I

Religionsbuch für das 5. Schuljahr

Arbeitsheft

von

____

____

Ein Arbeitsheft?
Nein, ein Spielheft, Rätselheft,
Ideenheft, Nachschlageheft,
Aufgabenheft für alle, die wach sein und
im Religionsunterricht denken wollen.

Leben und Lernen in der Schule S. 5–12

Wie lernt man, wie man lernen kann?

1 Aus den folgenden 18 Silben ist auf die Frage »Wie lernt man, wie man lernen kann?« eine Antwort mit elf Wörtern zu bilden:

den – durch – eig – eig – eig – ein – es – fra – frei – gen – gen – ken – nes – nes – nes – sa – wort – zu

Die Antwort lautet: ______________________________

____

2 Römische Schulszene

Das Foto auf Seite 5 zeigt einen Grabstein für einen römischen Jungen (aus dem Material nur halb herausgearbeitete Figuren nennt man *Relief*). Vergleiche die römische Schulszene mit dem Klassenbild auf der nächsten Seite. Benenne drei wichtige Unterschiede:

	Römische Schulszene	*Heutige Schule*
1.	____________	____________
2.	____________	____________
3.	____________	____________

3 Eine Schulklasse

Das Bild einer Schulklasse auf Seite 6 wurde von dem Schweden Peter Tillberg gemalt. Vergleiche dieses Klassenzimmer mit dem eurigen:
Was ist genau so oder ähnlich? Was ist bei euch anders?

Notiere deine Meinung zu dem Bild! ______________________________

____

Auf der gegenüberstehenden Seite 7 sind unterschiedliche Dinge zu

sehen. Welche? ______________________________

____

Kann man diese Sachen kaufen? Was kann man damit machen?
Wozu will die Zeichnung anstiften?

4 Die Sitzordnung im Klassenzimmer

Man kann die Sitz- und Arbeitsplätze in einer Schulklasse unterschiedlich aufstellen. Hier sind drei Beispiele:

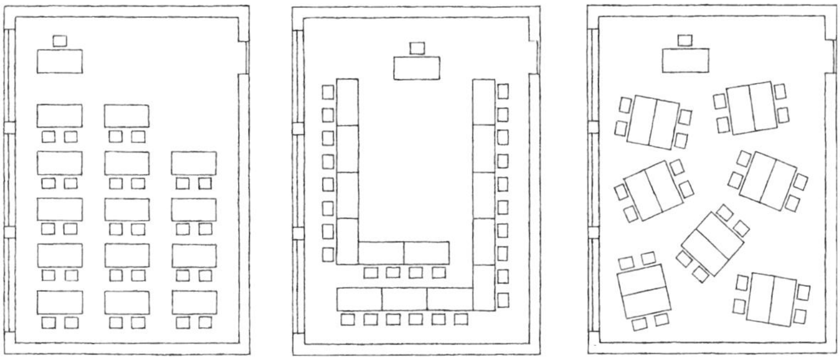

A B C

Bei welcher Sitzordnung spricht wahrscheinlich der Lehrer am meisten? A – B – C

Bei welcher Einrichtung gibt es besonders gute Schülerkontakte? A – B – C

Welche Sitzordnung bringt die Klassengemeinschaft am besten zum Ausdruck? A – B – C

Welches Muster wählt ihr
- für Gruppenarbeit? A – B – C
- für Tests und Klassenarbeiten, wenn es nur um die Leistung des einzelnen geht? A – B – C
- für eine gemeinsame Feierstunde? A – B – C
- für eine Diskussion aller Schüler? A – B – C

5 Wie soll euer Klassenraum aussehen?

Sprecht und diskutiert darüber mit eurem Klassenlehrer, vielleicht auch mit dem Schulleiter.

Mit welchen Fotos aus den Kapiteln »Leben und Lernen in der Schule« könnt ihr eure Wünsche erläutern? (Die Foto-Beispiele werden in den folgenden Religionsbüchern weitergeführt.)

Zeichnet einen Grundriß eurer Wunschklasse.

Ideenecke

Die Klassentür
Auf Seite 8 seht ihr zwei Türen von Klassenzimmern. Wenn ihr euch über Türen Gedanken machen wollt, geht zunächst (alleine, zu zweit, in Gruppen) durch die Straßen eurer Stadt und seht euch Haustüren an: alte und neue, bescheidene und protzige, solche, die freundlich und einladend, und andere, die unpersönlich und kalt wirken. Jede Tür erzählt eine Geschichte von Menschen und ihrem Haus. Wovon erzählt eure Klassentür? Unterscheidet ihr euch von den übrigen Schulklassen? Kann die Klassentür im Advent anders geschmückt sein als im Sommer? Betrachtet die Fotos im Religionsbuch – und laßt euch selbst etwas einfallen.

Der Arbeitsplatz
In der Klasse gibt es für jede Schülerin und jeden Schüler einen festen Arbeitsplatz. Je nachdem, wie ihr die Tische zusammenstellt, könnt ihr euch dort einrichten. Es gibt Schulen, wo alle Schüler ihr eigenes Regalfach haben; wo dies nicht möglich ist, hat jedes Kind einen Karton nur für sich. Darin können Hefte, Bücher, Stifte und natürlich auch kleine persönliche Gegenstände und Spielzeuge aufbewahrt werden, ohne daß dies alles täglich zwischen Schule und Wohnung hin und her geschleppt werden muß. Das ist sehr praktisch – und man muß nicht mehr fürchten, irgend etwas für den täglichen Gebrauch vergessen zu haben.

Spiele zum Kennenlernen

Beobachtungsspiel
Die Klasse teilt sich; beide Hälften stehen einander gegenüber. Sie haben Zeit, sich gegenseitig genau anzuschauen. Dann drehen sich alle um und verändern etwas an ihrem Aussehen. Anschließend zählen beide Gruppen (nacheinander) auf, was sich bei der anderen Gruppe verändert hat. Jede Beobachtung zählt einen Punkt. (Auch als Partnerspiel oder in Gruppen zu fünft möglich.)

Verkleiden
Es bilden sich Gruppen zu vier bis sechs Schülern. Für jeden Schüler gibt es vier Bogen Zeitungspapier und zwölf Sicherheitsnadeln. Es sollen mindestens zwei (drei) Kinder einer Gruppe in einer festgelegten Zeit mit Hilfe der Zeitungen verkleidet werden; Haltbarkeit und Phantasie werden begutachtet. Die Haltbarkeit läßt sich durch eine Strecke testen, die alle hüpfen müssen. Wessen Verkleidung hält stand? – Erfindet eigene Verkleidungsspiele.

Schreibstaffel
Gruppen stehen in Staffeln; vor ihnen, möglichst weit entfernt, ein Zettel und ein Bleistift. Der erste läuft hin, schreibt ein Wort auf, dann der zweite, der dritte usw. Wenn alle durch sind, soll aus den vier (fünf oder sechs) Wörtern ein Satz gebildet werden. Dazu darf man sich beim Spielleiter bis zu drei Wörter zusätzlich holen. Gewertet wird der Sinn des Satzes; man kann eine Zeit festlegen oder die Schnelligkeit mit bewerten.

Rollenspiel
Die Klasse teilt sich in Dreier- bis Fünfergruppen. Es wird eine Szene festgelegt, zum Beispiel »Schulversammlung«, »Krankenhaus«, »Bus« oder »Straßenbahn«, und für jede Szene eine wichtige Person wie Schulleiter(in), Ärztin oder Krankenschwester, Fahrer oder Schaffner. Diese Personen benehmen sich anders als erwartet (sie sitzen auf dem Boden und weinen; sie sprechen eine andere Sprache; sie sind stumm: sie schneiden Grimassen . . .). Jede Spielgruppe denkt sich eine Szene aus und spielt sie dann vor. Wichtig ist es, hinterher darüber zu sprechen.

Sammelspiel
Die Klasse ist in Paare geteilt. Jedes Paar soll draußen innerhalb einer gesetzten Zeit etwas besonders Schönes suchen (oder auch etwas Rotes; ein Blatt ohne Fehler; einen glatten Stein). Über die vorgezeigten Dinge wird gesprochen und entschieden, ob sie anerkannt werden.

Die Regale
Regale sind unverzichtbar in einer Schulklasse, in der man miteinander tätig sein will. In ihnen bringen wir alle Materialien unter, die nicht unbedingt hinter Schloß und Riegel stehen müssen; zum Beispiel Bücher, Spiele, Sammlungen, Papiere, Pappen, Druckgeräte, Teller und Tassen . . ., eben alles, was man braucht, um in der Schule »leben und lernen« zu können. Man kann Regale natürlich in allen Preislagen kaufen. Man kann sie aber auch selber machen, vor allem, wenn ein handwerklich geschickter Vater hilft. Manchmal ist auch zu Hause ein Regal überflüssig und kann der Schule angeboten werden.
In vielen Schulen hat die Einrichtung des Klassenzimmers mit farbig lasierten Obstkisten begonnen, die über- oder nebeneinander gestapelt werden (siehe Religionsbuch 1, S. 12). Man kann auch stabile Kartons sauber mit Folien bekleben und zu einem Fächerregal zusammensetzen. Jedenfalls müßt ihr nicht warten, bis die Schule euch mit neuen Möbeln bedient. Es kann im übrigen viel mehr Freude machen, mit eigener Kraft etwas zu schaffen.

Die Klassenbibliothek / Die Leseecke
»Wie lernt man, wie man lernen kann?« heißt die erste Frage im Religionsbuch. Die Antwort dürfte nicht lauten: frag Lehrerin und Lehrer, sondern: beschaff dir selbst fehlende Informationen. Das ist kein Kunststück, wenn es in der Klasse Nachschlagewerke gibt: Wörterbücher, Lexika, Atlanten, Sachbücher . . . Darüber hinaus ist es schön, wenn noch weiterer Lesestoff vorliegt, Bücher aus privaten Stiftungen, aber auch Literatur, die öffentliche Büchereien für einige Wochen zur Verfügung stel-

Demokratie in der Schule

6 Klassenämter

Wenn bei euch etwas los sein soll, ist es wichtig, daß möglichst viele Verantwortung übernehmen. Auf Seite 11 findet ihr ein Foto, das euch zeigt, wie anderswo »Klassenämter beginnen«. Natürlich könnt ihr auch Ämter für besondere Aufgaben einrichten, die es nur bei euch gibt. Notiere hier, welche Klassenämter du vorschlagen möchtest:

7 Der Klassenrat

Weitere Fotos auf Seite 11 zeigen, wie der Klassenrat einberufen wird und wie er seine Sitzungen abhält. In regelmäßigen Abständen wird ein Plakat mit drei Spalten ausgehängt, auf dem jeder seine Anliegen eintragen kann:
in Spalte 1 die Wünsche,
in Spalte 2 die Kritik,
in Spalte 3, was er gut findet.
Die Reihenfolge dieser Eintragungen legt dann auch die Tagesordnung der Klassenratssitzung fest. Ein Schüler ruft die einzelnen Punkte auf, ein anderer notiert die Beschlüsse. Bei der nächsten Sitzung wird am Anfang überprüft, was aus den Beschlüssen geworden ist.
Notiere die Termine eurer Klassenratsversammlungen. So läßt sich überblicken, was im Schuljahr tatsächlich stattfindet:

len. Wenn ihr – zum Beispiel – über Juden und das Judentum sprecht, könnte in eurer Klasse eine Spezialausstellung von Geschichtsbüchern, Bildbänden, Kinder- und Jugendbüchern über jüdisches Leben stattfinden. Welche Ideen habt ihr selbst?

Die Fensterbank
Was haltet ihr von Pflanzen und Blumen auf der Fensterbank? Sie geben eurer Klasse einen freundlichen Charakter, aber sie zwingen euch auch zu gewissenhafter Pflege – tagaus, tagein –, einschließlich einer Regelung für die Ferien. Ihr könnt auch kleine Obstkisten anstreichen, mit Folie auskleiden und als Anzuchtbeet benutzen. In eine Biobox gehören Dünger, Löffel, Gießkanne und vielleicht auch eine Lupe zum Betrachten der Pflanzen und Blüten. – Es gibt Schulklassen, die ein Aquarium unterhalten, manchmal auch einen Vogelbauer. Die Pflege von Vögeln (insbesondere von Finkenarten) ist einfacher als die Versorgung eines Aquariums. Ein gemeinsames großes Schulaquarium im öffentlichen Bereich ist ratsamer als eines für das Klassenzimmer.

Stille-Übungen

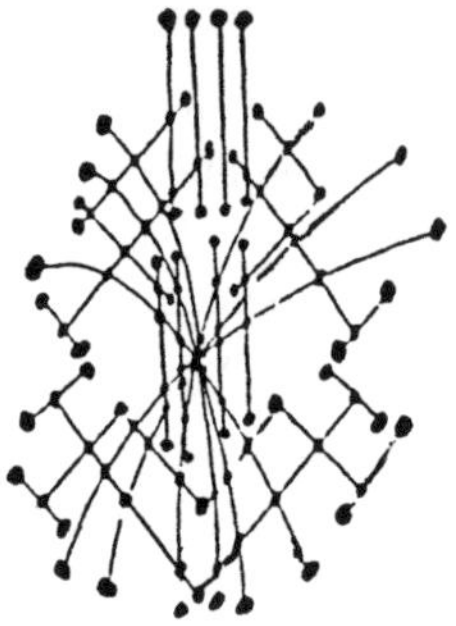

Lärmen braucht keine Übung. Lärmen kann jeder. Wer sich nicht beherrschen kann, lärmt. Das ist keine Kunst. Doch um stille zu sein, mußt du dich üben. Stille-Übungen sind Wege zu sich selbst. Manchmal sind sie leicht, manchmal sind sie schwer. Immer sind sie bedeutsam für deinen eigenen Lebensweg.

– Wie sitzt du während der Schularbeiten am Tisch? Sind deine Hände ruhig? Wenn du mit ihnen nur herumschnippst, könnte es ein Zeichen innerer Unruhe sein. Mit der Ruhe des Leibes wird auch die Seele ruhig.

– Brauchst du während der Hausaufgaben ununterbrochen Musik? Nimm dir vor, wenigstens eine (halbe) Stunde täglich bewußt keine Musik zu hören.

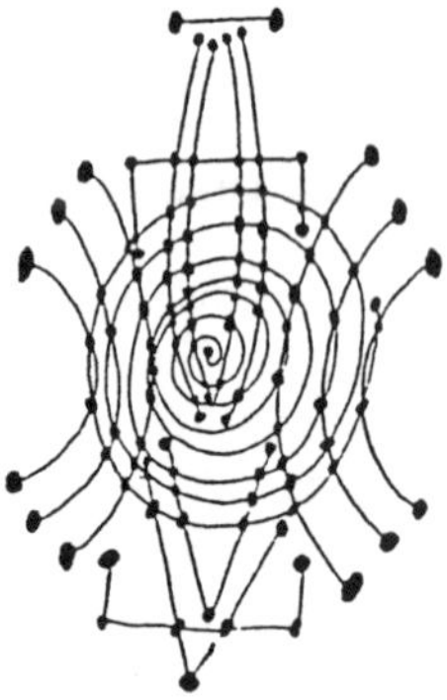

– Wieviel Zeit verbringst du vor dem Fernseher? Kannst du dich auf bewußt ausgesuchte Sendungen beschränken? Oder läuft das Gerät auch, wenn du anderweitig beschäftigt bist?

– Sitze still und horche auf die Verdauungsgeräusche in dem Haus, in dem du wohnst.

– Such dir auf den Wegen draußen *deinen* Baum. Betrachte ihn jedesmal, wenn du vorbeikommst. Nimm dir Zeit für ihn. Wenn du dich an seinen Stamm lehnst, gibt er dir Kraft.

– Nachdem die Sonne untergegangen ist, zünde in deinem Zimmer kein Licht an. Erlebe die Dämmerung, bis es ganz dunkel geworden ist.

– Stell dich vor dem Einschlafen für zwei Minuten ans offene Fenster und schau in den Abend. Betrachte den Himmel, die Wolken, den Mond. Achte auf den Wind. Wenn es regnet, lausche den Regengeräuschen.

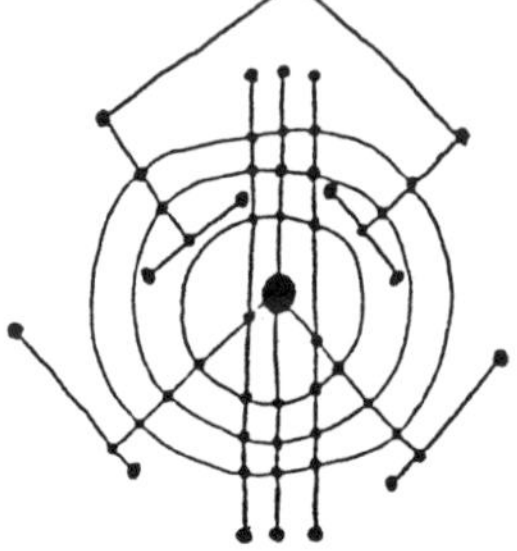

– Vor dem Einschlafen stell dir vor, du gehst selber ins Traumland. Mache aus Schlaf Blumen, Luftballons und Paläste. Du kannst auch fliegen. Wohin willst du?

– Mache ein Verzeichnis der Menschen, Tiere und Pflanzen, die in deinen Träumen auftreten, wenn möglich mit Zeichnungen. Vergiß auch nicht, was sonst noch wichtig ist. So entsteht langsam eine Landkarte deiner Nächte. Sie kann dir nützlich sein.

– Wenn ihr mit der Klasse gemeinsame Stille-Übungen macht, laß dich darauf ein. Sie entspannen und helfen dir, dich konzentrieren zu können. Nach einer guten Stille-Übung gelingt jeder Unterricht besser.

Sprachverständnis: Die Metapher

S. 13–18

Ein Tisch ist ein Tisch. Was ist Sprache?

8 Finde heraus, wer die Erzählung »Ein Tisch ist ein Tisch« geschrieben hat.
Der Name des Autors lautet: ______________________________

9 Die folgende Zeichnung stammt von Vincent van Gogh. Notiere zu dem Bild passende Sätze aus der Erzählung »Ein Tisch ist ein Tisch«:

____

____

____

____

____

____

____

____

____

____

10 Den »Pauper« beschrieb Bertolt Brecht. Vergleiche ihn mit dem Mann in der Geschichte »Ein Tisch ist ein Tisch«.

Der Pauper

Der Himmel ist grau
Am Rinnstein entlang
geht ein armer Mann.
Er verdient fast gar nichts.
Er kann nichts essen
Er hat kein Obdach
Er kann nicht gütig sein
Er friert wie ein Hund

Er ist nicht barmherzig
Er hat keine Freunde
Er hat löchrige Schuhe
Er ist krank
Er ist ein Verbrecher
Er verdient fast gar nichts
Er geht den Rinnstein entlang
Der Himmel ist grau.

11 Wovon die Menschen leben

Eine Chronik aus dem Jahre 1268 erzählt, Kaiser Friedrich II. von Hohenstaufen habe die Ursprache der Menschen finden wollen. Er glaubte, sie entdecken zu können, wenn beobachtet werde, in welcher Sprache Kinder zu reden anfangen, mit denen vorher niemand spricht. »Und deshalb befahl er den Ammen und Pflegerinnen, sie sollten den Kindern Milch geben, daß sie an den Brüsten säugen möchten, sie baden und waschen, aber in keiner Weise mit ihnen schön tun und zu ihnen sprechen. Er wollte nämlich erforschen, ob sie die hebräische Sprache sprächen, als die älteste, oder griechisch oder lateinisch oder arabisch oder aber die Sprache ihrer Eltern, die sie geboren hatten. Aber er mühte sich vergebens, weil die Knaben und alle anderen Kinder starben. Denn sie vermöchten nicht zu leben ohne das Händepatschen und das fröhliche Gesichterschneiden und die Koseworte ihrer Ammen und Nährerinnen.«

Da sind also Kinder gestorben, weil niemand mit ihnen »gesprochen« hat. Was hat das mit dem einsamen Mann zu tun, der allen Dingen einen neuen Namen gab?

12 Schöne Wörter der deutschen Sprache

flauschig – Gaukler – Kaninchen – klammheimlich – Lautmalerei – Matsch – Klatsch – Quatsch – murmeln – Pampelmuse – quengeln – Radieschen – Rumpelstilzchen – Samtpfötchen – saumselig – säuseln – Schabernack – schaudern – schmusen – Sternschnuppe – Woge.

Kannst du die Reihe durch Wörter ergänzen, die *du* besonders schön findest?

13 Häßliche Wörter der deutschen Sprache

abklären – ausdiskutieren – Aussetzung des Allerheiligsten – Bestuhlung – Bockwurst – durchnehmen – Elternteil – funktionstüchtig – Gör – hinterfragen – Lehrkörper – Menschenmaterial – Pack – Unterrichtsstoff.

Welche weiteren Wörter findest *du* häßlich?

14 Schreibspiel

Nehmt zu je vier bis acht Schülern und Schülerinnen ein Blatt Papier und schreibt das erste Wort (z. B. »Bild«) oben hin, das letzte Wort (»Tanz«) unten hin. Nun darf jeder einen Buchstaben verändern, so oft, bis das letzte Wort erreicht wird. Beispiel: Hund – Hand – Wand – Wald – Wild – Bild.

Von Bild zu Tanz — Von Wand zu Ring
Von Hund zu Ball — Von Haus zu Last

Wodurch unterscheidet sich dieses Spiel von den Wortvertauschungen des alten Mannes? Es gibt mehr als einen Unterschied.

Die Metapher. Was ist eine Metapher?

15 Kinderreime

Zu ganz kleinen Kindern spricht man in Metaphern, zum Beispiel wenn die Mutter Fingerspiele mit dem Kind macht:
Däumchen, Pfläumchen, Äpfelchen, Birnchen, Nüßchen.

Man läßt den kleinen Finger über den Tisch hinlaufen und sagt dazu:
Ich weiß ein Ding,
heißt Piepering,
kann tanzen und drehn,
kann auf dem Kopf nach Hause gehn.

Beim folgenden Vers gilt das Kind als Haus, das Ohrläppchen als Türklingel. Wird auf die Frage mit Ja geantwortet, so wird der »Herr« besucht; heißt es Nein, so wird nach ihm gesucht:
Da kommt die Maus, da kommt die Maus.
Klingelinggeling! Ist der Herr zuhaus?

Lütje Finger, golden Finger, Langelei, Botterlecker, Läuseknäcker
Welcher Finger ist jeweils gemeint?

16 Wörtlich genommen

Trage zu den einzelnen Bildern ein, 1. welche metaphorische Redensart dargestellt wird; 2. was diese Redensart meint.

1. ______________________

____

2. ______________________

____

1. ______________________

____

2. ______________________

____

1. ______________________

____

2. ______________________

____

Alltagsmetaphern

17 Der Mensch hat Kopf, Auge, Ohr, Mund, Nase, Hals, Bart, Arm, Rücken, Fuß . . . Alle diese Wörter werden auch auf andere Dinge übertragen.

Ergänze: Nagel ______________; Nadel ______________;

Flaschen __________; Schlüssel __________; Fluß __________;

Berg __________; Lampen __________; Herz __________.

18 Auch am Menschen findet man überraschende Dinge:

Ohr __________; Aug __________; Knochen __________;

im Gehör einen ________; Augen (und Nase) haben eine ________.

19 Wie nennt man
einen, der immerzu liest: ______________________________

jemanden, der dickfellig faul ist: ______________________________

der sich vor anderen herausstreicht: ______________________________

der nichts Rechtes anstellt: ______________________________

So metaphernreich ist unsere Sprache!

20 Erkläre die Redensarten:

brich dir keinen Zacken aus der Krone – den eigenen Ast absägen – etwas wie seinen Augapfel hüten – ein Auge zudrücken – was man sich einbrockt, muß man auch selbst ausfressen – für mich ist er ein unbeschriebenes Blatt – ein Brett vorm Kopf haben – den Brotkorb höher hängen – die Kirche im Dorf lassen – ein Buch mit sieben Siegeln – die Spatzen pfeifen es von den Dächern – doppelzüngig – sich um jeden Dreck (um ungelegte Eier) kümmern – einen aufs Glatteis führen – das Eisen schmieden, solange es heiß ist – die Ellenbogen gebrauchen – mit Engelszungen reden – fadenscheinig – ein Faß ohne Boden – sich mit fremden Federn schmücken – für jemanden durchs Feuer gehen – sich ins eigene Fleisch schneiden – zwei Fliegen mit einer Klappe schlagen – sich über die Fliege an der Wand ärgern – einem die Flötentöne beibringen.

Rätselecke

Viele Rätsel sprechen metaphorisch, man kann sie nur lösen, wenn man ihre Metaphern versteht.

Das älteste deutsche Rätsel, es findet sich aufbewahrt in einer Handschrift von der Insel Reichenau im Bodensee, stammt aus dem 9. Jahrhundert:

Flog vogel federlos
saß auf baum blattlos
kam frau fußlos
fing ihn handlos
briet ihn feuerlos
fraß ihn mundlos

Ich habe zwei Flügel und kann nicht fliegen,
ich hab nen Rücken und kann nicht liegen.
Ich hab ein Bein und kann nicht stehen,
ich trag die Brille und kann nicht sehen.

Es sitzen zweiunddreißig Gesellchen
in einem kleinen Ställchen,
sind lustig und munter,
gehen rauf und runter.
Und ein rotes Mädchen dabei –
so sitzen sie alle recht schön in der Reih.

Es ist eine kleine Türe,
aber die ganze Welt kann hindurch gehen.

Es hängt an der Wand,
hat den Hintern verbrannt.

Alle Tage geh ich aus,
bleibe dennoch stets zu Haus.

Ein Haus voll Essen
die Türe vergessen.

21 Silbenrätsel

Gesucht wird eine Erfahrung, die jeder Schüler täglich machen kann. Aus den nachstehenden 40 Silben sind 17 Wörter zu bilden. Die Anfangs- und Endbuchstaben dieser Wörter ergeben, je von oben nach unten gelesen, den gesuchten Satz:

a – bäk – bend – di – dra – en – eng – eu – glu – hoch – i – in – in – is – jek – ka – kal – ker – kut – land – le – le – ma – not – o – ob – pe – ran – rau – ruf – sa – sos – ta – ta – te – te – tel – tiv – turn – zeit

1 Wird auf einer Bühne gespielt; aber wenn Schüler für nichts Interesse haben, ist es das auch.
2 Drei, drei, drei, bei . . . Keilerei.
3 In Indien ist sie der Totenvogel, im deutschen Volksmund wurde sie auch das »Leichenhuhn« genannt. Sie gilt als Gespenstertier, aber bei den klugen Athenern war sie, weil sie sogar im Dunkeln sieht, das Symbol der Weisheit.
4 Wenn es dunkel wird.
5 Bevor sie zum »Sommervogel« wird, wie die Dänen sagen, kriecht sie mühsam herum. Für manche Völker ist sie Symbol für das Erdendasein des Menschen; mit ihrer wunderbaren Verwandlung verweist sie auf das zukünftige Leben.
6 Gäbe es ihn nicht, gäbe es kein Brot.
7 Europäisches Land, nicht auf dem Landweg zu erreichen.
8 Ihr Reich durchzog die Anden vom Norden bis zum Süden, über 4000 km; es hatte eine einheitliche Sprache, eine straffe Verwaltung und eine hochstehende Kultur. Es wurde durch Europäer vollkommen vernichtet.
9 Entferntes kann man damit heranholen, ohne sich vom Ort zu bewegen.
10 Eingeborener in Südamerika.
11 Er war der römische Gott des Ackerbaus, zu dessen Ehren jährlich am 17. Dezember ein Fest stattfand. Heute ist er am Himmel zu sehen, mit einem Ring geschmückt und von Monden umgeben.
12 Es ist eine Spinne, vor der man sich ausnahmsweise hüten soll. Sie ist 5 cm groß und ihr Biß kann gefährlich werden; man sagt auch, jemand sei »wie von der . . . gestochen« aufgesprungen.
13 Hier hat Mutter Teresa ihre Arbeit unter den Todkranken, die in der größten Stadt Indiens auf der Straße sterben, begonnen.
14 Zunächst ist es ein kleiner, kurzbeiniger Gänsevogel; zugleich eine Nachricht, die sich als falsch herausstellt; schließlich gibt es die Sache auch kalt, nämlich als Produkt aus Weißwein, Sekt, Zitrone und Mineralwasser.
15 Einen Ofen darf man hier nicht heizen, sonst schmilzt das Haus dahin.
16 Erfolgt bei einer Panne auf der Autobahn oder wann immer sonst dringend Hilfe gebraucht wird.
17 Wenn Pfarrer, Fotographen, Gratulanten, viel Kuchen und der Himmel voller Geigen ein Stelldichein geben.

1			
2			
3			
4			
5			
6			
7			
8			
9			
10			
11			
12			
13			
14			
15			
16			
17			

Der gesuchte Satz lautet:

____

____

____

____

____

22 Der Hut

Einstmals war der Hut Standeszeichen. Man spricht heute noch vom Kardinalshut, Markgrafenhut oder Doktorhut. Bei den Römern trug den Hut (pileus) der freie Mann. Später galt er als Feld- und Hoheitszeichen. Wer den weithin sichtbaren Hut trug, forderte zur Heerfolge auf. Seit 1200 mußten die Juden einen spitzen Judenhut tragen; man wollte sie damit demütigen. Betrügern setzte man ähnliche Hüte auf. Der Hut war immer mehr als ein Modeartikel, aber das war er natürlich auch.
Unbehütet zu sein, ist ein trauriges Los. Dem Hut verwandt ist »die Hut«, »Obhut«, also Aufsicht und Fürsorge, und auch das Verb »hüten«.
»Den Hut nehmen müssen« ist für jeden in Amt und Würden ein bitteres Schicksal. Vielleicht hat er schon vorher »einen auf den Hut bekommen«. Wer solche Schläge nicht mehr hinnehmen will, »wirft seinen Hut in den Ring«. Manche nehmen vor dem Verlierer ihren Hut nicht mehr ab. Doch wann heißt es: »Hut ab!« oder auch: »Man muß vor ihm den Hut abnehmen«?
Andererseits soll man »nicht vor jedem Laternenpfahl den Hut abnehmen«. Ein Kunststück ist es, »alles unter einen Hut bringen zu wollen«; jeder kann es jedenfalls nicht, eher »geht einem dabei der Hut hoch«. Es gibt aber Leute, die zaubern, was sie wollen, aus dem Hut, und das muß kein alter Hut sein. Wissen müßte man noch, mit welchem Hut in der Hand man kommt durchs ganze Land.
Wenn du alle Redewendungen erklären kannst, ziehe ich gerne meinen Hut vor dir.

Es ist ein pudelnärrisch Ding;
denn wißt,
es bricht doch nicht, wenn man
es auch zerbricht,
und wer auch noch so sehr
darauf gefallen ist,
er selber merkt es sicher nicht.

Und zum Abgewöhnen, eine härtere Nuß zum Knacken:

Das erste Wort
hat in seinem Bauch,
das zweite, das dritte,
das vierte auch.
Den ersten dreht man,
auf die zweite geht man,
auf dem dritten steht man
meistens nicht lange.
Dem vierten entschlüpften
Vogel und Schlange.
Paul Maar

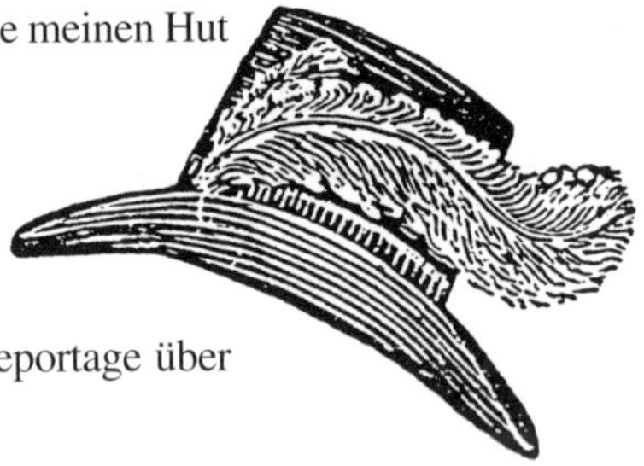

23 Metaphern in der Sportberichterstattung

Nimm eine aktuelle Sportzeitung und unterstreiche in der Reportage über ein Fußballspiel alle metaphorischen Wendungen.

24 Ein falsches Metaphernverständnis?

Auf Seite 16 zeigt das Religionsbuch neun Holzschnitte. Zu acht von ihnen findest du die sprichwörtliche Redensart auf Seite 15. Welches Bild gehört zu welcher Metapher? Die fehlende neunte Metapher besteht aus einem einzigen Wort. Du findest es, wenn du das Bild ganz wörtlich nimmst.

Ergänze den folgenden Text: Die Bilder bekommen ihren Witz dadurch,

daß sie die Metapher nicht ______________________________ . Sie stellen

die jeweilige Redensart ______________________________ dar. Was in

der Metapher übertragend (hintergründig) gemeint ist, zeigen die Bilder

____ .

25 Geld-Metaphern

Geld ist zu allen Zeiten und überall mit immer neuen Metaphern benannt worden. Schreibe alle Ausdrücke auf, die du kennst:

Tiermetaphern

26 Mit welchen Tier-Metaphern beschimpfen die Menschen einander? Notiere einige Beispiele:

27 Kannst du die folgenden Sprichwörter deuten?

Soll ein Bär tanzen, muß er jung in die Schule gehen.
Man kann nicht auf einem Esel und einem Pferd zugleich sitzen.
Wenn ein Esel zu einem Esel in die Schule geht, kommt kein Genie heraus.
Der Fisch sieht den Köder, nicht den Haken.
Ein Floh kann einen Löwen mehr ärgern als ein Löwe einen Floh.
Der Frosch im Brunnen weiß nichts vom Himmel.
Viele Hunde sind des Hasen Tod.
Katz aus dem Haus, rührt sich die Maus.
Ist das Pferd tot, kommt der Hafer zu spät.

28 Namensmißbrauch – eine Geschichte

Ein Esel traf auf der Straße ein weinendes Schwein. »Warum weinst du?« fragte der Esel mitleidig.
»Wie soll ich nicht weinen«, antwortete das Schwein, »wenn die Menschen schimpfen, brauchen sie fortwährend meinen Namen. In meinem Namen wird immer geschimpft! Hat irgend jemand Schlechtes getan, so sagt man, er ist ein Schwein, hat jemand einen betrogen, so sagt man, er ist ein Schwein, ist irgendwo Schmutz und Unordnung, so sagt man, das ist eine Schweinerei.«
Der Esel überlegte lange und sagte mitfühlend: »Ja, das ist wirklich eine Schweinerei.«

Ist diese Geschichte: ☐ ein Gleichnis, ☐ ein Märchen, ☐ eine Fabel oder ☐ eine Parabel?

Erkläre den Titel der Geschichte.

Lexikon

Aristoteles (384–322 v.Chr.), griechischer Denker. A. war ein Schüler des *Platon* und Platon war ein Schüler des Sokrates. Nach zwanzig Jahren an der Akademie des Platon, zuletzt als Lehrer, berief man A. zum Erzieher und Lehrer des Alexander von Mazedonien, den man später Alexander den Großen nannte. 334 gründete A. in Athen eine eigene philosophische Schule. In seinen Werken befaßte er sich mit allen Wissensgebieten seiner Zeit. Er schuf die Grundlagen der abendländischen→ Philosophie.

Fabel, eine Form des → Gleichnisses. Als Hauptpersonen treten oft Tiere auf, die wie Menschen reden und handeln. So »überträgt« die Fabel eine menschliche Erfahrung in eine (Tier-)Geschichte, die man lieber betrachtet als das eigene Verhalten.

Gleichnis, eine zur Erzählung entfaltete Metapher. Erzählt werden kann einerseits von alltäglichen Dingen: wie es zugeht, wenn man etwas Verlorenes wiederfindet, Sauerteig ins Mehl mengt, Senfsamen aussät . . . Andererseits kann eine frei erfundene Geschichte erzählt werden: »Es war ein Mensch, der wollte ein großes Abendessen ausrichten . . .« (Lk 14,16). Ein Gleichnis, das eine frei erfundene Geschichte erzählt, nennt man *Parabel*.

Hintergründige Erfahrung: Wir sagen: »Es ist halb elf.« – »Der Zug fährt über Mannheim.« – »Morgen ist schulfrei.« – »Annette ist krank.« Mit solchen Feststellungen sprechen die Menschen täglich zueinander. Aber wenn sie über diese Dinge nachdenken:

Beurteile auch die folgenden Tiermetaphern:

29 Hier ist eine Katze. Sie überreicht einen Brief. Wie tief sie dabei die Mütze zieht und den Buckel krumm macht. Von einem übertrieben unterwürfigen Mensch sagt man,

er _______________ *wie eine Katze,* oder: *er* _______________ *buckelt.*

30 *Einen Hasen machen* ist eine Redensart für »fliehen«. Wann nennt man jemanden einen »*Hasenfuß*«? Ist einem Menschen wie diesem Hasen *hier das Herz in die Hose gerutscht,*

dann heißt er: ____

31 Der Geier steht in üblem Ruf. *Hol dich der Geier!* ist eine Verwünschung, die an Stelle des Teufels den Geier nennt. Hier muß es nicht gleich der Teufel sein, aber so, wie dieser Geier aussieht, kann man gewiß kein Vertrauen fassen. Wenn wir Menschen mit einem Geier vergleichen, was kritisieren wir dann?

32 Wer *Hahn im Korbe ist* oder *Hahn auf seinem Mist,* hat keinen Grund, sich zu verkriechen oder gering von sich zu denken. Warum? Von manch einem Mann heißt es auch,

er sei _______________ *wie ein Hahn.*

33 Was ein jeder glaubt

Die Raupe: Es ist wissenschaftlich erwiesen, daß wir Raupen nur Eingeweide in uns haben, aber keine Flügel, keine farbigen Flügel! Man geht ein und dann ist's aus.
Die Ameise: Nicht ich führe Krieg, sondern der Ameisenhaufen.
Die Fliege am Fenster: Ich weiß schon, wo die Grenzen der Wirklichkeit sind.
Der Hahn: Noch dämmert's nicht. Noch gab ich nicht das Zeichen.

Wie lauten solche »Glaubensbekenntnisse« im Alltag? Suche dir eine dieser Äußerungen heraus und erkläre sie.

wie der Tag verging, ohne Freude gegeben oder Freude empfangen zu haben; daß sie hier und dorthin eilten, und doch nicht wissen, wohin das Leben führen soll; wie es zu Annettes Krankheit kam, die nun schon so lange dauert . . ., dann versuchen sie hinter die Dinge zu schauen. »Tatsachen« erklären sich nicht selbst. Sie haben oft mehrere Ursachen, von denen manche versteckt sind und vielen Menschen nie bewußt werden. Nur wer »hinter« die Dinge sieht, macht hintergründige Erfahrungen.

Philosophie (griechisch: Liebe zur Weisheit). Zur Zeit des → Aristoteles war Philosophie eine umfassende Angelegenheit; zu ihr gehörte damals noch alles Wissen und alle Wissenschaft. Einerlei, was jemand werden wollte, immer war es ratsam, sich zunächst einmal mit Philosophie zu beschäftigen. – Auch heute noch fragt die Philosophie nach dem Zusammenhang aller Dinge: woher sie kommen, was sie sind und was sie für den Menschen bedeuten. *Philosoph* heißt jemand, der nach dem Ganzen der Welt fragt, nach dem, was für die Menschen gut ist und was sie glücklich macht.

Söldner, ein gegen Lohn (Sold) dienender Soldat. Söldner bildeten zu verschiedenen Zeiten die Masse der Heere.

Sprichwort, eine verbreitete, knapp formulierte Redensart, die eine allgemeine Erfahrung ausdrückt. Nicht alle Sprichwörter sind metaphorisch, beispielsweise: »Aller Anfang ist schwer«. Bei metaphorischen Sprichwörtern gilt es, den gewählten Vergleich zu verstehen: »Man muß das Eisen schmieden, solange es heiß ist.«

Die Sprache des Glaubens

34 Von Gott läßt sich nur metaphorisch reden. Die wichtigsten Metaphern gehen vom Bild des Menschen aus. Aber nicht alle Organe und Tätigkeiten des Menschen sind für eine übertragende Rede geeignet.
Streiche aus der folgenden Liste alle Wörter, die als Metaphern für Gott nicht in Frage kommen:

Haupt – Kopf – Auge – Nase – Ohr – Mund – Lippe – Hals – Arm – Hand – Faust – Finger – Bein – Fuß – Zehe – Herz – Lunge – Niere – Milz – hören – sehen – riechen – schmecken – fühlen – atmen – essen – trinken – singen – sprechen – schlafen – wachen – träumen – wissen – fragen – denken – führen – schützen – strafen – lieben – hassen – segnen – achten

35 Was heißt: Gott »sieht«?

Sollte der nicht sehen, der das Auge geformt hat? *(Ps 94,9).*
Seine Augen schauen auf des Menschen Wege *(Ijob 34,21).*
An jedem Ort sind die Augen des Herrn, sie wachen über Gute und Böse *(Spr 15,3).*
Das sind die sieben Augen des Herrn, die über die ganze Erde schweifen *(Sach 5,10).*
Alles liegt nackt und bloß vor den Augen dessen, dem wir Rechenschaft schulden *(Hebr 4,13).*

- *Das Foto zeigt das »Auge Gottes« auf einem sauerländischen Fachwerkhaus.*
- *Das »Auge Gottes« auf dem Großen Siegel der Vereinigten Staaten von Amerika (Wiedergabe nach der 1-Dollar-Note).*
- *Das »Auge Gottes« aus einem alten Religionsbuch.*

In einem Abendgebet heißt es: »Vater, laß die Augen dein, über meinem Bette sein«! – Ein Erwachsener erinnert sich: Er habe sich als Kind elend gefühlt, weil man ihm gesagt habe, Gott sehe ihm lauernd immerfort zu: »Ein Auge ist, was alles sieht, auch was bei finstrer Nacht geschieht . . .«

Wie verstehst du das Auge Gottes auf dem Bauernhaus, auf dem Dollar-Schein und aus dem Religionsbuch (Mehrfach-Antworten möglich):

	Haus	Dollar	Buch
als Ausdruck für Schutz und Geborgenheit?			
als Zeichen göttlicher Erwählung?			
als Warnung vor ständiger Überwachung?			
als Hinweis auf ein behütetes Leben?			
als Wunsch, in dieser Welt nicht einsam zu sein?			
als Bitte um Gottes Gegenwart?			
als Mahnung, sich nie unkrontrolliert zu wissen?			

36 Was heißt: Gott »hört«?

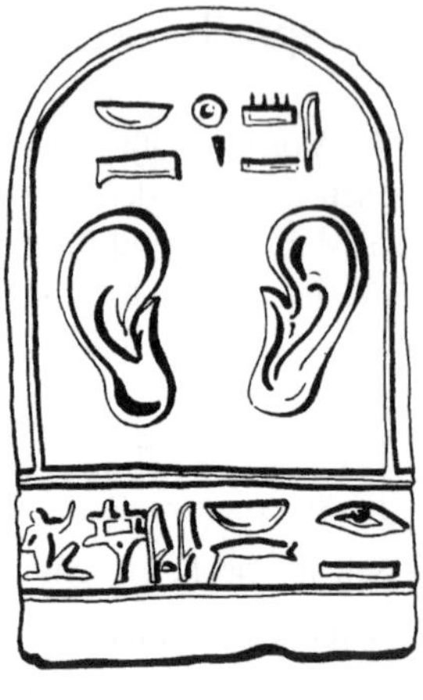

Wende mir dein Ohr zu, Herr, und höre! *(Jes 37,17)*
Das Volk lag dem Herrn mit schweren Vorwürfen in den Ohren *(Num 11,1).*
Ich will euch das antun, womit ihr mir die Ohren vollgeschrien habt *(Num 14,28).*
Doch der Herr hat auf eure Klagen nicht gehört und hatte kein Ohr mehr für euch *(Dtn 1,45).*

Oben ist ein ägyptischer Denkstein zu sehen. Über den beiden Ohren steht der Name des Gottes, der erhört hat: »Amon-Re, der Herr des Himmels«. Unter den Ohren steht der Name desjenigen, der erhört wurde und der den Stein gestiftet hat. In allen Tempeln der Alten Welt waren solche Steine zu finden. Trotzdem wußten die Menschen, daß Gott sie von jedem Ort der Welt »hören« kann.

Auf dem zweiten Stein befinden sich die hörenden Ohren Gottes zwischen der Sonne, dem Mond und den Sternen. In den meisten Fällen verkörpern die Ohren nicht Dank für Erhörung, sondern die Bitte: »Erhöre das Gebet, das N. N. gemacht hat.« Auf manchen Denksteinen wurden möglichst viele Ohren angebracht. Auf einem Stein aus Memphis sind es nicht weniger als 376.

Unten ist der Türhüter Ramu beim Opfer dargestellt. Er hat ein mißgestaltetes Bein. Mediziner meinen, es sei eine Folge von Kinderlähmung, die Ramu erlitten hat. Die Göttin, die er anruft, ist nicht im Bild dargestellt, sondern nur durch ihren Namen vertreten (oberste Zeile): »Ischtar von Syrien«. Sie wurde in Ägypten als Heilgöttin verehrt. Ramu bittet die Göttin, sein krankes Bein zu heilen.

37 Was heißt: Gott »spricht«?

Der Mensch lebt von allem, was der Mund des Herrn spricht *(Dtn 8,3).*
Aber den Mund den Herrn befragten sie (die Israeliten) nicht *(Jos 9,14).*
Jetzt weiß ich, daß das Wort des Herrn wirklich in deinem Munde ist *(1 Kön 17,24).*

Wie ist es gemeint, wenn vom »Sprechen« Gottes die Rede ist?

Gott »spricht« durch Menschen:	*Lies Gen 12,1–3. Findest du weitere Beispiele?*
Gott »spricht« durch Tiere:	*Lies Num 22,22–35*
Gott »spricht« durch die Natur:	*Lies Ps 104*
Gott »spricht« durch die Geschichte (d. h. durch Geburt und Tod, Gesundheit und Krankheit, Armut, Not und Glück):	*Lies eine Todesanzeige, die sagt, Gott habe den Verstorbenen »gerufen«. Weißt du eigene Beispiele?*
Gott »spricht« durch das Gewissen:	*Lies Ex 20,1–21*
Gott »spricht« durch einen Traum:	*Lies Gen 20,3; 31,24; Num 12,6; Mt 1,20; 2,12*
Gott »spricht« durch ein Buch:	*Lies Ex 32,16 (34,28); Offb 21,5.*

38 »Vater«, »Mutter«, »Lehrer«

In der Rede von Gott kommt jede Metapher an ihre Grenze. Sie mag geeignet sein und kann doch nicht genügen. Insbesondere ist es unmöglich, mit nur einer oder wenigen Metaphern auszukommen. Wer Gott »Vater« nennt, sagt nicht alles; Gott ist ebenso »Mutter«, aber auch »Hirt«, »Lehrer«, »Arzt«, »Richter«, »König« ... Aber keine einzige dieser Metaphern kann Gott angemessen benennen. Welche Vergleiche sagen dir am meisten zu?

39 Weitere Metaphern

Die Bibel und alle Religionen der Welt kennen eine Fülle weiterer Metaphern, um vom (eigentlich unsagbaren) Gott zu sprechen:

Sei mir eine feste Burg, die mich rettet *(Ps 31,3).*
Du bist meine Zuflucht, ein starker Turm gegen den Feind *(Ps 61,4).*
Im Schatten deiner Flügel finde ich Zuflucht, bis das Unheil vorübergeht *(Ps 57,2).*

Wie lauten die Metaphern?

Von welchem Vertrauen sprechen sie?

---

40 Metaphern in Adventsliedern

Nimm eine Sammlung von Adventsliedern und trage die zahlreichen Metaphern, die du dort findest, in eine Liste ein.

41 Lichtmetaphern

In vielen Weihnachtsliedern, auch in Osterliedern und sonstigen Texten begegnen Metaphern vom Licht: »Morgenstern der finstern Nacht« ... Suche einige heraus.

42 Wie deutest du folgende Wendungen?
Du Licht am Morgen – Sei unser Atem – Flamme des Lebens – Tiefe des Herzens – Licht, das uns leuchtet – Lebendiges Wort.

43 Wen meinen folgende Metaphern?
Bruder der Armen – guter Hirt – Brot, von dem wir leben – Licht, durch das wir sehen – Weg, auf dem wir gehen – Tür, durch die wir gehen.

Test

1. Das Wort »Metapher« bedeutet

☐ Überführung ☐ Übertragung ☐ Überleitung

2. Wenn Menschen einander beschimpfen, sprechen sie

☐ immer metaphorisch ☐ oft metaphorisch ☐ nie metaphorisch

Die Sprache der Liebe liebt die Metapher.

a) Notiere Ausdrücke, mit denen eine Mutter ihr kleines Kind »herzt«:

b) Auch Liebes- und Ehepaare kennen metaphorische Namen füreinander. Nenne Beispiele!

a ____________________

____

____

b ____________________

____

____

____

3. Welcher Schüler
- hängt seinen Mantel in den Wind?
- sitzt auf glühenden Kohlen?
- redet aus einem hohlen Hafen?

4. Zum Elternsprechtag hat ein Spaßvogel mit Kreide über die Schultür geschrieben: »Die eigenen Gänse hält man immer gern für Schwäne«.

Was will er sagen? ______________________________

____

5. Das Kapitel »Sprachverständnis: Die Metapher« kommt in folgendem Satz zu seinem Ziel:

»Alle Religionen der Welt müßten ______________________

gäbe es für sie keine ______________________ Rede. Gott ist

ein ______________________ Wort nur im Zusammenhang mit

______________________ Sprache. *Vervollständige den Satz.*

6. Kreuze die richtigen Aussagen an:

☐ Jedes Wörterbuch ist voller Metaphern.
☐ Wer liebt, wählt gerne Metaphern.
☐ Jugendliche haben andere Metaphern als alte Leute.
☐ Dichter sprechen gern metaphorisch.
☐ Wer metaphorisch redet, redet um den heißen Brei herum.
☐ Metaphern reden nicht drumherum.
☐ Gute Metaphern sagen Neues über die Wirklichkeit.
☐ Gute Metaphern machen sehend.
☐ Alte Metaphern sind gute Metaphern.
☐ Metaphern entstehen alle Tage neu.

Gott: Mehr als alles

Seite 19–24

44 Die Bilder des Kapitels

Trage hier die wichtigsten Daten zu den farbigen Bildern im Kapitel »Gott: Mehr als alles« ein:

Name des Malers	*Titel des Bildes/Entstehungsjahr*
1. ______________________	______________________________
2. ______________________	______________________________
3. ______________________	______________________________

Kannst du den Titel des Bildes von Seite 21 deuten? Läßt sich dieser Titel auf die beiden übrigen Kunstwerke übertragen?

45 Wunder

Die folgende Aufgabe kann einzeln, in Gruppen oder von der Klasse insgesamt übernommen werden:
Das Gedicht von Walt Whitman von Seite 19 soll graphisch »ins Bild gesetzt werden«. Wähle dazu ein großes Plakatformat. Schreibe darauf den Text mit weitem Zeilenabstand und ergänze ihn mit Fotos aus Zeitschriften. Das Gedicht nennt als Stichworte: Grashalm, Gestirnsbahnen, Ameise, Zaunkönig, Sandkorn, Frosch, Brombeerranke, Handgelenk. Für Walt Whitman sind das alles Wunder. Welche Fotos machen diese Wunder sichtbar?
Wenn ihr die Aufgabe gemeinsam lösen wollt: Sammelt zunächst alle Bilder und besprecht anschließend eure Auswahl.

46 Rasenstück

Statt eines Bildes holt euch ein lebendiges Rasenstück ins Klassenzimmer. Nehmt dazu ein passendes Gefäß (Kiste, Schüssel, Blumen-Schale), schneidet das Rasenstück dieser Form entsprechend aus und haltet es immer leicht feucht. Wenn ihr zu anderen Themen weitergeht, bringt es in die Natur zurück.

47 Steine

Lies noch einmal, was auf Seite 20 über Steine gesagt wird. Suche dir selbst einen Kieselstein. Wähle ihn aus nach Form, Farbe und Muster.

Bei der Suche und Auswahl des Steins gilt:
»Wir finden, was wir in uns haben.«

48 Wie heißen die Katzen?

Der Tübinger Professor meinte, all sein Wissen über den Stein erreiche nicht das Geheimnis des Steines selbst. Das Schweigen des Steines sagte ihm: »Was du weißt, ist *dein* Stein, was ich aber bin, ist mein Geheimnis.« Die gleiche Frage stellt sich gegenüber jeder anderen Wirklichkeit. Kannst du sie im folgenden Gedicht wiederentdecken?

Wie heißen die Katzen?

Wie heißen die Katzen? gehört zu den kniffligsten Fragen
Und nicht in die Rätselecke für jumperstrickende Damen.
Ich darf Ihnen, ganz im Vertrauen, sagen:
Eine jede Katze hat drei verschiedene Namen.
Zunächst den Namen für Hausgebrauch und Familie,
Wie Paul oder Moritz (in ungefähr diesem Rahmen),
Oder Max oder Peter oder auch Petersilie –
Kurz, lauter vernünft'ge, alltägliche Namen.
Oder, hübscher noch, Murr oder Fangemaus
Oder auch, nach den Mustern aus klassischen Dramen:
Iphigenie, Orest oder Menelaus –
Also immer noch ziemlich vernünft'ge, alltägliche Namen.

Doch nun zu dem nächsten, dem zweiten:
Den muß man besonders und anders entwickeln.
Sonst könnten die Katzen nicht königlich schreiten,
Noch gar mit erhobenem Schwanz perpendikeln.
Zu solchen Namen zählt beispielsweise
Schnurroaster, Tatzitus und Katzastrophal,
Krallinine, Nick Kater und Kratzeleise –
Und jeden der Namen gibt's nur einmal.

Doch schließlich hat jede noch einen dritten!
Ihn kennt nur die Katze und gibt ihn nicht preis,
Da nützt kein Scharfsinn, da hilft kein Bitten.
Sie bleibt die einzige, die ihn weiß.
So oft sie versunken, versonnen und
Verträumt vor sich hinstarrt, ihr Herren und Damen,
Hat's immer und immer den gleichen Grund:
Dann denkt sie und denkt sie an diesen Namen –
Den unaussprechlichen, unausgesprochenen,
Den ausgesprochen unaussprechlichen,
Geheimnisvollen dritten Namen.

Erich Kästner

49 Wo begegnet dir im Kapitel »Gott« zum erstenmal das Wort *Gott?*

Auf Seite ______ in Zeile ______.

Lexikon

Allgäu, deutsche Landschaft in den Voralpen zwischen Bodensee und Lech. Der größte Teil des Allgäu gehört zu Bayern; der Westen zu Baden-Württemberg; das Kleine Walsertal im Südwesten zu Österreich.

Ameisenlöwe, die räuberisch lebende Larve eines libellenähnlichen Insektes, Ameisenjungfer genannt. Der Ameisenlöwe legt in sandigen Böden trichterförmige Gruben an, auf deren Grund er auf Beute – Ameisen und andere herabpurzelnde Insekten – lauert.

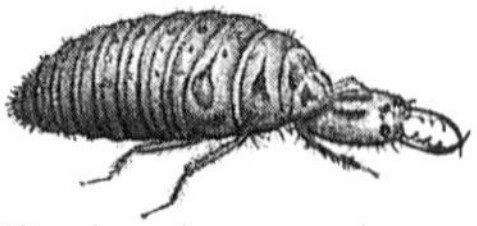

Mit seinen langen, gebogenen Zangen ergreift er seine Opfer und saugt sie aus.

50 Auf welcher Seite dieses Kapitels ist *nicht* von Gott die Rede? Bedenke dazu folgendes Gedicht:

Veilchen gibt es nicht

Es war einmal ein Elefant
Der wollte nicht an Veilchen glauben
Doch eines, das am Wege stand
Dacht ihm den Zweifel schnell zu rauben
Und bot ihm seinen Düftegruß.
Er tappte blindlings gradezu
Da war's im Nu
Erstorben unter seinem Fuß.
Er stand darauf mit Vollgewicht
Und sagte: »Veilchen gibt es nicht!« *Ludwig Fulda*

51 Was haben die Bilder des Kapitels mit Gott zu tun?

52 »Das schwierigste aller menschlichen Wörter ist das Wort Gott«, heißt es im Religionsbuch. Welche Gründe nennt das Buch?

Das Wort »Gott« ist ein schwieriges Wort, weil

1. ______________________________

2. ______________________________

3. ______________________________

4. ______________________________

5. ______________________________

53 Warum ist die Geschichte vom Korb mit den wunderbaren Sachen die Geschichte einer mißlungenen Blindenheilung?

54 Mit welchen Augen sind die »wunderbaren Sachen«, welche die Frau »vom Himmel her« (eine Metapher?) mitbrachte, zu sehen?

____

____

____

55 Was hat die farbenfrohe Komposition auf Seite 22/23 von Henri Matisse mit der Korb-Geschichte zu tun?

Amethyst, eine violette Art des Quarzes, meist in sechsteiligen Prismen vorkommend; ein beliebter Schmuckstein.

Außenhaut der Dinge: Die Welt ist mehr als ihr äußerer Schein. Niemand weiß viel von Menschen, Tieren, Pflanzen, Vorgängen, wenn er nur sieht, wie ein Fotoapparat sieht. Man muß auch hören, fühlen, spüren, ahnen, fragen können, um über den bloßen Augenschein hinaus zu kommen. Für diese tiefere Wahrnehmung gibt es die Metapher »Das Dritte Auge«. (Vgl. →Hintergründige Erfahrung, S. 13f.)

Basalt, schwarzes, vulkanisches Gestein, das oft zu eckigen Säulen erstarrt ist.

Gewes, »kleines Gewes«, abgeleitet von Wesen, »kleines Wesen«.

Gneis, kristalliner Schiefer, ein Gemenge von Feldspat, Quarz und Glimmer.

Lapislazuli, leuchtend blauer Schmuckstein, der aus einem Gemenge verschiedener Mineralien besteht.

Obsidian, vulkanisches dunkles Gesteinsglas, scharfkantig und darum schon in der Steinzeit für Klingen verwendet.

Porphyr, Ergußstein unterschiedlicher Farbe, der in seiner Grundmasse Kristalle aus Quarz, Feldspat und Glimmer enthält.

Stein, ein in allen germanischen Sprachen verwandtes Wort: *stein*, *sten*, *stan*, *steinn*, *stain*; englisch: *stone*. In den romanischen Sprachen heißt es französisch: *pierre*; spanisch: *piedra*; italienisch: *pietra*; lateinisch: *lapis*; griechisch: *lithos*.

56 »Ich kann mir nicht helfen«, sagt der Professor aus Tübingen, »wenn ich so etwas sehe, fällt mir Gott ein ...«
Wie antwortet sein Begleiter? ______________________________

____

Wie antwortest du? ______________________________

____

57 Die Geschichte von der Hündin Jennie ist eine ______________.
Der wichtigste Satz in dieser Geschichte heißt:

____

____

Test

1. Die Bilder im Kapitel »Gott: Mehr als alles« sind keine religiösen Bilder, weil

____

Diese Bilder sind doch »religiös«, weil

____

____

2. Das Kapitel »Gott: Mehr als alles« spricht in einer
☐ üblichen ☐ ungewohnten ☐ weltlichen ☐ frommen
☐ kritischen ☐ überraschenden ☐ nachdenklichen
☐ langweiligen ☐ hintergründigen Sprache.
Kreuze an, wo du zustimmst.

3. Wenn man sich nicht für gläubig hält, ist es
☐ anregend ☐ herausfordernd ☐ unnütz ☐ hilfreich
☐ ärgerlich ☐ nachdenkenswert ☐ sinnlos
dieses Kapitel zu bearbeiten.

X **4.** Mit dem Hirten, der zu seiner Frau sagte: »Du dummes Weib, was soll das Geheimnis um diesen Korb? Da ist ja gar nichts drin!«, habe ich nichts zu tun. Ich weiß nämlich, was die wunderbaren Sachen sein können. Zum Beispiel:

____

____

Tübingen, Universitätsstadt in Baden-Württemberg. Der Name des Tübinger Professors ist **Fridolin Stier** (1902–1981). Er war Professor für Altes Testament; sein Leben lang bemühte er sich um eine genaue und sprachlich gute Übersetzung biblischer Texte. Fridolin Stiers Tagebuch ist nach seinem Tode unter dem Titel »Vielleicht ist irgendwo Tag« erschienen.

unauslotbar, was man nicht ausmessen und nicht ergründen kann. *Lot* heißt ein Senkblei, das der Maurer benutzt, um »lotrecht« zu mauern. Lot heißt auch ein Gerät zum Messen der Wassertiefe; früher war dies ebenfalls ein Senkblei (heute gibt es das »Echolot«). Wenn etwas unauslotbar ist – im metaphorischen, übertragenen Sinne – ist es für alles Forschen zu tief.

Altes Testament: Die Vätergeschichten S. 25–32

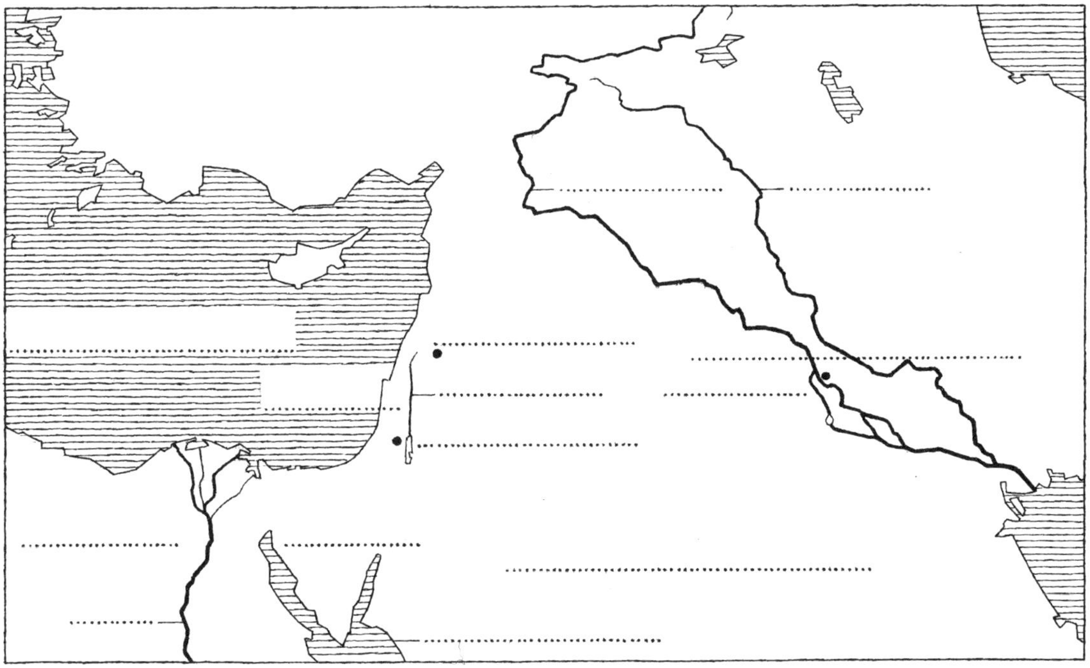

58 Karte: Der fruchtbare Halbmond

Trage auf dieser Karte folgende Bezeichnungen ein:

1. Die Meere: Mittelmeer, Rotes Meer;
2. Die Wüsten: Sinai, Arabische Wüste;
3. Die Länder: Ägypten, Kanaan, Mesopotamien;
4. Die Flüsse: Euphrat, Tigris, Jordan;
5. Die Städte: Babylon, Damaskus, Jerusalem.

59 Die Zeit der Stammväter

Was ist eine Sippe?

- ☐ Familie mit Eltern und Kindern
- ☐ Großfamilie mit weiteren Verwandten (Großeltern, Onkeln, Tanten)
- ☐ Verband blutsverwandter Familien zu denen auch die Knechte und Mägde gehören

Was sind Nomaden?

- ☐ fußlose Larven von Insekten
- ☐ Obdachlose
- ☐ Wanderhirten

Was sind Kanaanäer?

- ☐ Menschenfresser
- ☐ Die Einwohner Kanadas
- ☐ ?
- ☐ Kanalarbeiter

Ergänze: Die Nomaden des alten Orients hatten ____________________ ____________ mit der seßhaften Bevölkerung in den Dörfern und Städten ihre Weideländer. Sie verkauften dorthin ____________________ ____________. Aber sie kauften von den Seßhaften auch, was ihnen fehlte, zum Beispiel ______________________________.

Die Wanderhirten hatten eine gute Landeskenntnis. Vor allem kannten sie jede ____________________, denn ihre Herden und sie selbst durften ja nicht verdursten. Durch den ständigen Handel mit den ________________ entstanden auch Freundschaften und Ehen. Dadurch geschah es, daß viele Hirten nicht mehr weiter ziehen wollten, sondern ________________________ wurden. So wurden immer mehr Hirten zu Bauern. Dennoch blieb die Verbindung untereinander erhalten. Im Laufe der Zeit zog nur noch ein Teil der alten Sippe mit den Tieren auf die ______________________________ ,während die übrigen ihre ______________ bewirtschafteten. Es entstanden natürlich auch Spannungen und manchmal Streit zwischen den Alteingesessenen und den ehemaligen Nomaden. Was aber in der Bibel »Landnahme« heißt, war doch eine überwiegend ________________ Entwicklung.

Das Land, in dem die ____________________ Wanderhirten zur sogenannten Väterzeit lebten, hieß ________________. Später und heute trägt dieses Gebiet den Namen ____________. Das Land grenzt im Westen an das ________________, im Osten ist überwiegend __________. In trockenen Jahren, wenn die Ernte verdorrte, zogen viele südwärts in das fruchtbare ______________. Hier am Nil bestand ein mächtiges Reich, das bereits fast 3000 Jahre alt war. Die in Mesopotamien lebenden Völker betrieben mit ________________ einen ständigen Handel. Deswegen war ____________ ein Durchgangsland für den Fernhandel, und es gab hier viele Kaufleute. Wo Handel getrieben wird,

Lexikon

Baal (hebräisch: Eigentümer, Besitzer), Bezeichnung für Gottheiten, die an bestimmten Orten verehrt wurden. Die Gottheit gilt als Eigentümer der Quelle, des Baumes, der Stadt oder des Berges, wo sie angerufen wurde. In der biblischen Welt begegnen zahlreiche Baale als Fruchtbarkeitsgötter, die Korn und Öl, Wein, Wolle und Flachs spenden. Die Propheten haben den Baals-Kult als Abfall von dem *einen* Gott bekämpft.

Beerscheba (hebräisch *beerschewa*), ein aus den Vätergeschichten bekannter Ort im Süden Israels. Der Brunnen hat dem Ort seinen Namen gegeben. Beerscheba ist Zentrum des →Negev.

Bodenforschung (Archäologie), ist die Wissenschaft von den Überresten alter Völker und Kulturen. Durch Ausgrabungen wird zu erforschen versucht, was der Boden an Überresten früheren Lebens bewahrt. Die Arbeit der Ausgräber ist mühsam und anstrengend. Vor Beginn der Erdarbeiten wird das Gelände genau vermessen und in ein Rasternetz eingeteilt, damit man später jeden Fund exakt einmessen kann. Schicht um Schicht, manchmal nur zentimeterweise, wird dann die Erde bis zum gewachsenen Boden abgetragen. Fotographen und Zeichner dokumentieren jedes Zwischenergebnis. Ein Grabungstagebuch vermerkt alle wichtigen Funde und Beobachtungen. Keramikscherben werden gewaschen, beschriftet und statistisch ausgewertet und oft wieder in mühseliger Kleinarbeit zu den alten Formen zusammengefügt. Mauern und Bauruinen legt man frei, und siedeln sich auch andere Berufe an, zum Beispiel ____________________

____.

Man lebte in Kanaan durchweg in kleinen befestigten Städten; eine dieser Städte hieß M ______________. Die Ruinen dieser Stadt (und anderer kanaanäischen Orte) wurden im __________. Jahrhundert wieder ausgegraben. In den wohlhabenden kanaanäischen Städten arbeiteten nicht alle Menschen gleich hart; es gab eine Menschengruppe, man nannte sie __________, die zur Fronarbeit auf den Feldern verpflichtet war und die man ______________ zum Fußvolk einzog.

(Die zuletzt erfragten Angaben kannst du mit Hilfe des Lexikons finden.)

60 Die Religion der Väter

Obwohl die Wanderhirten und die Stadtbevölkerung ______________ einander kannten und freundschaftliche Beziehungen hatten, unterschieden sie sich doch am meisten durch ____________________.

Die Götter und Opferstätten der Kanaanäer waren den Nomaden und ihren späteren Nachfahren fremd. Sie nannten ihren Gott nach den Menschen, zu denen er gehörte; darum lesen wir in der Bibel immer wieder vom Gott ______________, vom Gott ______________ und vom Gott ______________. Dieser Gott hatte in der Väterzeit keinen __________ Ort, sondern war da, wo »Jakob« sein Haupt hinlegte (Gen 28, 10–19; vgl. im Religionsbuch, S. 32). Als dann aber immer mehr Hirten ______________ wurden, galten ihnen auch feste Orte als heilig.

manchmal richtet man sie auch wieder auf, damit heutige Menschen ein Bild des vergangenen Lebens gewinnen. Die meisten Ausgrabungen im Vorderen Orient sind auch für das Verständnis der Bibel wichtig, weil Israel ganz in die Geschichte der Alten Welt eingebunden war.

El, das allgemein benutzte Wort für Gott. Die Bedeutung von El ist nicht sicher; es wird übersetzt mit Erster, Ziel, Zuflucht, Beschützer. Der Plural von El ist *Elohim*. In der Bibel wird der Gott Israels zwar auch Elohim genannt, jedoch in singulärer Bedeutung: der eine und einzige Gott der Welt umschließt in sich alles. Ein Ortsname wie Bet-el (Haus Gottes) oder Eigennamen wie Michael (Wer ist wie Gott?), Gabri-el (Mann Gottes), Rapha-el (Gott heilt) zeigen die Gottesbeziehung an. Dasselbe gilt für Isra-el (Gott streitet).

hapiru, (möglicherweise) ein Name für Leute, die am Rande der Gesellschaft lebten, etwa zur sogenannten Väterzeit. Vielleicht waren die hebräischen Wanderhirten einmal damit gemeint.

hupschu, die unterste soziale Schicht in Kanaan, die zur Fronarbeit herangezogen wurde und im Krieg das Fußvolk bildete.

Hebron, Stadt, 36 km südlich von Jerusalem. In Hebron gibt es ein Abrahamheiligtum, eine Höhle, die als Grabstätte des Stammvaters gilt.

Israel, nach Gen 32,28 »der mit Gott kämpft«, die Nachkommen der Stammväter Abraham, Isaak und Jakob, auch *Israeliten* genannt. Die israelitische Geschichte endet mit der Zerstörung Jerusalems im

61 Die Überlieferungen der Väter

Solange es keine Schrift gibt oder Menschen nicht schreiben können, geben sie ihre Erinnerungen und ihr Wissen ______________________ weiter. In mündlichen Kulturen wird das Gedächtnis sehr geschult. Was erzählt wird, darf bei Wiederholungen nicht ______________________ werden. Erzählungen, die durch mündliches Weitersagen überliefert worden sind, heißen ______________________.

Man erzählte besonders solche Geschichten, die wichtig waren und in denen sich spätere Generationen wiedererkennen konnten. Darum sagen wir heute auch: Die Vätererzählungen sind Geschichten eines ______________________ Anfangs. Damit ist gemeint: die Geschichten erzählen nicht allein von früher, sondern auch vom ______________________ Leben. »Was Jakob erlebt, erlebt ganz Israel.« Können heutige Menschen gleichfalls sagen: Was »Abraham« oder »Jakob« erfährt, erfahren *wir* immer noch?

62 Kleidung

Der unten links (nach einem Stein aus dem 9. Jahrhundert v. Chr.) abgebildete Mann ist ein Israelit. Im Religionsbuch ist auf Seite 30 ein ebenso gekleideter Mensch zu sehen. Beschreibe seine Kleidung:

____

____

____

Jahr 586 v. Chr. durch die Babylonier. Seit der Neugründung des Staates nach dem Ende des Babylonischen Exils spricht man nicht mehr von Israeliten, sondern von *Juden*; die Jahrhunderte bis zu Jesus nennt man auch die Zeit des Frühjudentums. Die Bürger des 1948 gegründeten Staates Israel heißen *Israeli*. Auch nichtjüdische Bürger des Staates Israel, z.B. Araber, sind Israelis.

Jordan, der Hauptfluß des Landes. Die Quelle liegt 520 m über dem Meeresspiegel; der Jordan durchfließt den See Gennesaret und mündet in das Tote Meer, 394 m unter dem Meeresspiegel gelegen. Der Fluß bildete meistens eine Grenze zwischen Israel und den Nachbarvölkern; man spricht deswegen auch vom West- und Ostjordanland.

Kanaan, das Land der westjordanischen Völker. *Kanaaniter* heißen die vorisraelitischen Bewohner des Landes; ihre Kultur war anfangs höher entwickelt als die der Israeliten. Durch König David wurde ihre Macht für immer gebrochen. Bald danach verschwindet ihr Name in der Geschichte, wahrscheinlich weil sie in der israelitischen Bevölkerung aufgegangen sind.

Megiddo, uralte → kanaanitische Stadtfestung, Ort großer Kämpfe. 1903-1905 und 1925-1939 wurde Megiddo wieder ausgegraben; dabei wurden viele wichtige Funde gemacht (siehe Religionsbuch, S. 28). Die Geschichte von Megiddo reicht bis ins 4. Jahrtausend v. Chr. zurück.

Mesopotamien (griechisch: Land zwischen den Strömen), auch Zweistromland genannt.

Die beiden anderen Darstellungen sind um tausend Jahre älter. Sie finden sich auf einem Grabgemälde um 1900 v. Chr. Wie ist im Unterschied zum Mann die Frau gekleidet?

Diese Nomadenfrau trägt ein ______________________________

____

Das Haar hält sie mit einem ______________________________ fest.

Ihre Füße stecken in ______________________________.

Der Mann trägt ein ______________________________.

Er geht in ____________________.

Test

1. Notiere die Namen der Stammväter Israels:

1. ________________ 2. ________________ 3. ________________

2. Die Namen der Stammütter sind:

1. ________________ 2. ________________

3. ________________ 4. ________________

3. Der Name »Mesopotamien« bedeutet:

____

Die Flüsse Mesopotamiens heißen:

____

4. Die Vätergeschichten finden sich im Buch ________________.

Die Abrahamgeschichte beginnt erst im ______. Kapitel.

Die vorangehend erzählten Geschichten ☐ gehören / ☐ gehören nicht

zur Geschichte Israels. Sie erzählen von dem, was *alle* Menschen betrifft:

was ________________ war und was ____________________ noch ist.

Hier entstand vor rund 5000 Jahren eine der ersten Hochkulturen der Menschheit, die Wiege des Morgen- und Abendlandes. Völker und Reiche haben sich hier nacheinander abgelöst: die Sumerer, die Babylonier, die Hethiter, die Assyrer, die Perser – später die Griechen, die Römer, und nach ihnen noch viele andere.

Nomaden, Hirten- und Wandervölker ohne festen Wohnsitz; sie wandern mit ihren Herden von einem Weideplatz zum andern. Man kann das Wort Nomade auch mit »Weideplatzsucher« übersetzen. In biblischer Zeit gab es nur Kleinvieh-Nomaden, die mit Schaf- und Ziegenherden unterwegs waren. Feste Gewohnheitsrechte, die auch die seßhafte Bevölkerung einbezogen, garantierten dabei ein friedliches Mit- und Nebeneinander. Beduinen sind heutige Nachfahren der alten Nomaden-Völker.

Patriarch (wörtlich: Erzvater), der Stammvater eines Geschlechts. Als die Stammväter Israels gelten Abraham, Isaak und Jakob. Wenn man von Stammvätern spricht, muß man auch von Stammüttern reden. Als solche zählen die (vier) Frauen der (drei) Erzväter: Sara, Rebekka, Rahel und Lea.

63 Ein Bildvergleich

Der Holzschnitt stammt aus dem Werk eines französischen Astronomen. Unser Religionsbuch zeigt auf Seite 33 eine davon abgewandelte Form (die fremden Schriftzeichen, die hier außerhalb des Firmamentes zu sehen sind, sind die 22 Buchstaben des hebräischen Alphabets). Vergleiche beide Darstellungen:

Was ist ähnlich?

Was ist anders?

Mündliche Kultur

64 Wie der »Vater der Buchstaben« belehrt wurde

Der griechische Philosoph Platon (S. 13) sagte von sich, was ihn »im Ernst« beschäftige, werde er nie schriftlich aufzeichnen. Aber er schrieb eine Geschichte, warum die Erfindung der Schrift nicht nur segensreich sei:

»In Ägypten gab es einmal einen Gott, der die Zahl und das Rechnen erfunden hat, auch die Geometrie und die Astronomie, vor allem aber erfand er die Schrift. Dieser Gott hieß Theuth. Damals regierte über Ägypten ein kluger König, Thamus genannt. Zu diesem König ging der Gott Theuth, um ihm alle seine Künste vorzustellen. König Thamus sagte ihm zu jeder Kunst seine Meinung, manches dafür, manches auch dagegen. Als nun aber die Reihe an die Buchstaben kam, sagte Theuth: ›Diese Kenntnis, König Thamus, wird die Ägypter weiser und ihr Gedächtnis besser machen!‹
Thamus erwiderte: ›Kunstvollster Theuth, der eine ist begabt, Dinge zu erfinden, der andere hat die Gabe, zu beurteilen, welchen Schaden oder Nutzen sie den Menschen bringen. Du, der Vater der Buchstaben, sagst nun aus Voreingenommenheit gerade das Gegenteil von dem, was sie bewirken. Diese Erfindung wird die Menschen in ihrer Seele vergeßlich machen, weil sie von jetzt an ihr Gedächtnis nicht mehr üben. Du hast kein Heilmittel für das Gedächtnis erfunden, sondern einen Ersatz dafür. Deine Schüler bekommen von nun an vieles zu lesen; sie glauben, vielwissend geworden zu sein, während sie doch in Wirklichkeit unwissend sind und schwieriger im Umgang miteinander.‹«

Du bist zwar nicht der »Vater der Buchstaben«, aber dessen Schüler. Wie antwortest du dem König Thamus?

65 Wilhelm Grimm und die Märchenerzählerin Dorothee Viehmann

Wilhelm Grimm berichtet, daß er »die meisten und schönsten Märchen« von einer Frau namens Dorothee Viehmann erzählt bekam. »Die Frau war noch rüstig und nicht viel über fünfzig Jahre alt. Aus großen Augen blickte sie hell und scharf. Sie bewahrte die alten Sagen fest im Gedächtnis. Dabei erzählte sie bedächtig, sicher und ungemein lebendig, mit eigenem Wohlgefallen daran, erst ganz frei, dann, wenn man es wollte, noch einmal langsam, so daß man ihr mit einiger Übung nachschreiben konnte. Wer an leichte Verfälschung der Überlieferung, an Nachlässigkeit und daher an die Unmöglichkeit langer Dauer glaubt, der hätte hören müssen, wie genau sie immer bei der Erzählung blieb und auf ihre Richtigkeit eifrig war. Sie änderte niemals bei einer Wiederholung etwas in der Sache ab und besserte ein Versehen, sobald sie es bemerkte, mitten in der Rede gleich selber.«

Was hätte Dorothee Viehmann dem »Vater der Buchstaben« sagen können?

Was hätte sie dem König Thamus antworten können?

Die Entstehung der Schrift

66 Eine indianische Bildgeschichte

Die älteste Schrift ist eine Bilderschrift. Wenn Kinder Bilder malen, erzählen sie damit auch Geschichten. Hier ist eine indianische Bilderschrift, spiralförmig angelegt. Diese Erzählspirale muß von innen nach außen »gelesen« werden. Versuche den folgenden Lesevorschlag Schritt für Schritt an der Bildfolge zu erklären:

Ein Indianer und seine Frau (mit Rock) haben Streit miteinander. Er will zur Jagd gehen, aber sie ist dagegen. Trotzdem nimmt er seine Waffen, Pfeil und Bogen, und geht in den Wald. Dabei gerät er in ein heftiges Unwetter und sucht eine Zuflucht. Er entdeckt zwei Indianertipis, in jedem Zelt ist ein einsamer kranker Mensch. Darum bleibt er nicht dort, sondern geht weiter und kommt zu einem Fluß. Dort fängt er einen Fisch;

Lexikon

Alphabet, die Reihenfolge der Schriftzeichen einer Sprache. Das Wort ist nach den beiden ersten Buchstaben der griechischen Schrift benannt: Alpha, Beta.

Alphabetschrift, eine Schrift, die im Unterschied zur Bilderschrift oder Silbenschrift mit 22 bis 26 Zeichen auskommt, um alles wiederzugeben, was Menschen sagen können.

Aramäisch, im 1. Jahrtausend v. Chr. weit verbreitete Sprache, in der sich viele Völker verständigten. Zur Zeit Jesu sprach man auch unter Juden aramäisch. Um die Bibel zu verstehen, mußten bereits die Kinder → hebräisch lesen und sprechen lernen.

Auktion, Versteigerung; der Preis einer Ware wird durch Zuruf ausgehandelt. Der Meistbietende erhält den Zuschlag. Wort und Zuschlag gelten als abgeschlossener Kaufvertrag.

Buch (griechisch *biblos*), meist aus → Papyrus gefertigt. Weil Papyrus teuer war und auch brüchig, schrieb man wertvolle Texte auf veredelte Tierhäute (Pergament). Die auf Papyrus oder Pergament geschriebenen Texte hatten die Form einer Rolle. Der Text wurde in Spalten (Kolumnen) geschrieben, man rollte von Spalte zu Spalte auf. Anderes Schreibmaterial waren der Stein (für Gedenker ißt ihn und verweilt noch zwei Tage an diesem Ort. Dann setzt er seinen Weg fort und findet die Spur eines Bären. Er findet und tötet den Bären und hat nun eine üppige Mahlzeit. Danach zieht er weiter und kommt zu einem indianischen Zeltdorf, glaubt aber, daß es Feinde sind, läuft darum weiter, bis er zu einem See kommt. Als er um den See herumgegangen ist, sieht er einen Hirsch. Er erlegt ihn und kehrt mit der Beute zu seiner Frau zurück.

67 Moderne Bildzeichen

Die indianische Bildgeschichte können Menschen aller Sprachen verstehen. Buchstaben-Schriften setzen dagegen Sprachkenntnisse voraus. Auch wenn ich lesen kann, kann ich doch noch nicht ein französisches Buch lesen. Weil heute aber oft Menschen aus vielen Sprachen zusammenkommen, zum Beispiel beim Sport, auf Flughäfen, an Bahnhöfen, hat man eine neue Bilderschrift erfunden, sogenannte Piktogramme, die ebenfalls jeder »lesen« kann. Was bedeuten folgende Bildzeichen?

68 Sumerische Bildzeichen

Hier sind sehr frühe Bildzeichen von etwa 3100 v. Chr. Die Bedeutung dieser Zeichen sollst du den einzelnen Piktogrammen zuordnen:
Fluß – Gerstenähre – Schüssel – Stern – Stierkopf.

Um 2400 v. Chr. haben sich aus den sumerischen Bildzeichen Keilschriftzeichen mit breiterer Bedeutung entwickelt. Trage die folgenden Deutungen unter den zugehörigen Keilschriftzeichen ein:
Brot / Nahrung – Gerste – Gott / Himmel – Ochse – Wasser.

tafeln und Inschriften, → Dekalog) und Tontafeln; für alltägliche kurze Mitteilungen verwendete man Tonscherben (Ostraka). Ein Buch, dessen Blätter im Rücken gebunden sind, heißt *Codex*.

Byblos, syrische Hafenstadt (s. Karte, Religionsbuch, Seite 25), in der man Papyrus verarbeitete. Der aus Byblos stammende Papyrus wurde so berühmt, daß die Griechen mit diesem Herkunftsnamen auch das Produkt bezeichneten: *biblion*, das Buch; daraus entwickelte sich *Bibel*.

Chronik, eine Schrift, in der geschichtliche Ereignisse in zeitlicher Reihenfolge aufgeschrieben werden.

Dekalog (von griechisch *deka*, zehn und *logos*, Wort: die zehn Worte), Fachbezeichnung für »Die Zehn Gebote«.

Griechisch, zur Zeit Jesu und früher war Griechisch zur Weltsprache geworden, in der man sich rund um das Mittelmeer verständigen konnte. Darum sind auch die Schriften des Neuen Testaments und die letzten Schriften des Alten Testaments griechisch geschrieben worden.

Hebräisch, die Sprache, in der das Alte Testament, die »Hebräische Bibel« geschrieben wurde. Seit dem 6. Jahrhundert wurde Hebräisch durch das → Aramäische verdrängt. Man lernte im Judentum nur noch Hebräisch, um die Bibel verstehen zu können. Der 1948 neu gegründete Staat Israel hat die über Jahrtausende hin »tote« Sprache neu belebt: Hebräisch ist in Israel heute Amts- und Alltagssprache.

69 Hieroglyphen

Die ägyptischen Hieroglyphen waren in der frühen Zeit ebenfalls »Bilder«. In der folgenden Bildzeile begegnet das Zeichen für »Schreiber« viermal. Im Religionsbuch (S. 34) siehst du den Schreiber bei seiner Arbeit. Male beim ersten Zeichen für »Schreiber« die Palette mit ihren Vertiefungen für den roten und schwarzen Tusche-Farbstoff aus; kennzeichne beim zweiten Zeichen den Wasserbehälter und beim dritten Zeichen den Papyrusglätter, der links in einer Schlaufe hängt.

70 Rebus

Rebus ist ein Bilderrätsel. Das Wort kommt aus dem Lateinischen und heißt »durch Sachen«. Zwei Beispiele für Bilderrätsel findest du nebenstehend.

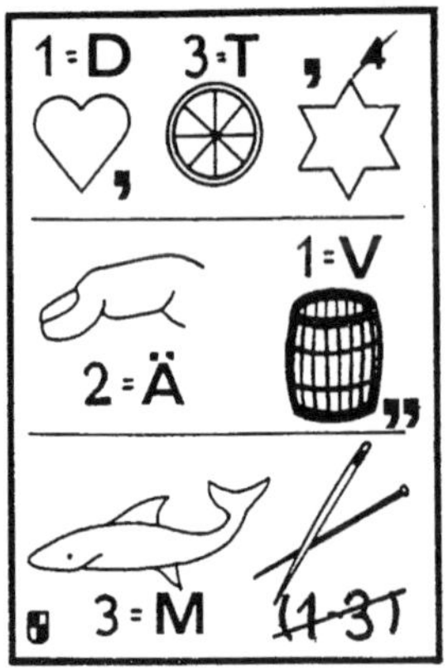

Die Lösung 1 lautet:

Die Lösung 2 lautet:

71 Von der Bilderschrift zur Lautschrift

Der Weg von der Bilderschrift zum Buchstaben war eine große Leistung. Statt der zahllosen Bildzeichen versuchte man die Sprachlaute aufzu-schreiben. Man zählte die Laute, die man beim Sprechen hörte; es waren etwa zwei Dutzend. Sobald man Zeichen für diese Laute hatte, konnte man alles schreiben. Die vielen hundert Bildzeichen wurden überflüssig. Und so entstanden die neuen Lautzeichen.

Man wählte kurze Wörter mit verschiedenen Anfangslauten, für jeden Laut eines. Hier sind vier Beispiele:

Zu diesen häufigen Wörtern kannten die meisten Leute die Bildzeichen:

Die Bedeutung der fremden Wörter ist nicht schwer zu erraten.

DALETH	ALEPH	NUN	KAPH

FISCH	STIERKOPF	SCHLANGE	HAND

Trage ein, was die Bildzeichen darstellen. Nun stehen diese Zeichen nicht mehr mehr für Sachen, sondern nur noch für die Anfangslaute.

Wir können also lesen: ____ ____ ____ ____

Die vier »Bilder«, die jetzt als Buchstaben dienen, lassen sich auch für andere Wörter zusammenstellen:

 = KANN  = DA

 = KANAAN  = ANNA

Im Laufe der Zeit wurden die Buchstaben weiter vereinfacht:

Die ursprüngliche Bedeutung der Bildzeichen ging verloren:

Dann kehrten die Griechen die Schreibrichtung um:

Inder und Araber machten diese Kehrtwendung nicht mit. Sie lesen und schreiben bis heute von rechts nach links.

Die Bibel als Buch

72 Die Namen der biblischen Bücher werden durch Abkürzungen gekennzeichnet. Auch im Religionsbuch begegnen fast immer nur die Abkürzungen. Trage die vollständigen Namen ein für

Gen ______________________	Mk ______________________
Ex ______________________	Lk ______________________
1 Sam ______________________	Joh ______________________
Ps ______________________	Apg ______________________
Mt ______________________	Offb ______________________

73 Die einzelnen Bücher werden nach *Kapiteln* gegliedert und in jedem Kapitel nach *Versen* (Sätzen) gezählt. Schlage die nachfolgend genannten Stellen auf und notiere die jeweils angegebenen Buchstaben und Worte. Du kannst diese Aufgabe allerdings nur mit Hilfe der Einheitsübersetzung lösen.

Gen 4,9: das 7. Wort; Ex 15,22; Jes 2,2; Dan 6,12: jeweils den 1. Buchstaben; Dtn 29,3: das 1. Substantiv; Mt 6,32: das letzte Wort; Ps 33,16: das 1. Verb; Mt 6,20: das 15. Wort; Mk 9,50: das 10. Wort.

Aneinander gefügt bekommst du einen wichtigen Hinweis. Dieser lautet:

____

____

____

Hieroglyphen (griechisch: heilige eingemeißelte Zeichen), die Bilderschrift des alten Ägypten. Ursprünglich stand für jedes Wort ein Bild; später entwickelten sich dann auch Silben- und Konsonantenzeichen. Die Entzifferung der Hieroglyphen schien lange aussichtslos; erst dem genialen Franzosen Jean-François Champollion gelang es 1822, die Hieroglyphen zu lesen.

Jeremia (650–585), Prophet zur Zeit der Belagerung Jerusalems durch die Babylonier.

Kanon (griechisch: Regel, Richtschnur), die Reihe der anerkannten Schriften des Alten und des Neuen Testaments. *Kanonbildung* heißt jene Entwicklung, welche die zunächst einzeln entstandenen Schriften zur »Heiligen Schrift« vereinte.

Konstantin, römischer Kaiser, → Religionsbuch, S.97 f.

Palette, etwa tellergroßes Mischbrett für (Tinte und) Farben.

Qumran, Ruinenstätte am Nordwestufer des Toten Meeres. Bei Ausgrabungen 1951–56 stieß man auf eine große klosterähnliche Anlage mit Versammlungs- und Speiseräumen, Werkstätten und Vorratshaltung. Im Umfeld von Qumran befinden sich etwa 40 Höhlen, die zur Zeit des Qumran-Klosters bewohnt waren. Als im Jahre 68 n. Chr. der jüdisch-römische Krieg das Land verwüstete, endete die Geschichte der dortigen Gemeinde (ihre Mitglieder nennt man *Esséner*). Wertvolle Handschriften aus der Bibliothek wurden in einigen dieser Höhlen 1947 gefunden (→ Religionsbuch, S. 187).

74 Übersetzungen

Die Bibel wurde in Hebräisch und Griechisch geschrieben; damit wir sie lesen können, mußte sie übersetzt werden. (Über-setzen: an ein anderes Ufer bringen!) Vergleiche die beiden folgenden Übersetzungen:

Gen 28,12 f.

Da hatte er einen Traum:	Und ihm träumte:
Er sah eine Treppe, die auf der	Da, eine Leiter gestellt auf
Erde stand	die Erde
und bis zum Himmel reichte.	ihr Haupt an den Himmel rührend,
Auf ihr stiegen Engel Gottes	und da, Boten Gottes steigen auf,
auf und nieder.	schreiten nieder an ihr.
Und siehe,	Und da
der Herr stand oben	stand ER über ihm
und sprach:	und sprach:
Ich bin der Herr, der Gott	ICH bins,
deines Vaters Abraham . . .	der Gott deines Vaters Abraham . . .

Die linksstehende Übersetzung ist die sogenannte Einheitsübersetzung, die rechte stammt von den jüdischen Gelehrten Martin Buber und Franz Rosenzweig. Notiere (in deinem Hausheft) Unterschiede und auch dein eigenes Urteil. Welche Fassung gefällt dir bessser?

Test

1. Welche Urteile sind falsch, welche richtig?

☐ Das nur gesprochene Wort ist unzuverlässig. Allein die schriftliche Form zählt.

☐ Analphabeten (Menschen, die nicht lesen und schreiben können) sind geringer begabt.

☐ In alten Zeiten hatte das laut gesprochene Wort mehr Gewicht als das geschriebene Wort.

☐ Sagen und Märchen sind über sehr lange Zeiten nur mündlich – und doch zuverlässig – weitergegeben worden.

☐ Wenn die Zeiten und Lebensumstände sich verändern, verändern sich auch mündliche Überlieferungen.

☐ Hätten die Brüder Grimm die Märchen nicht aufgeschrieben, wären sie verlorengegangen.

☐ Auf dem Viehmarkt oder bei Versteigerungen gilt das mündliche Wort ebenso wie eine Unterschrift.

☐ Analphabeten haben oft ein besser trainiertes Gedächtnis.

☐ Wer viel liest, vergißt auch viel.

☐ Viele Bibeltexte gab es lange Zeit nur als gesprochenes Wort.

☐ Jesus hat nichts geschrieben. Was wir von ihm wissen, stammt allein aus mündlicher Überlieferung.

Pentateuch (griechisch von *pente*, fünf und *teuchos*, Gefäß); mit Fünfrollenwerk oder Fünferbuch zu übersetzen. Die jüdische Welt nennt den Pentateuch →Tora, Weisung.

Sadduzäer, Priesterpartei in Jerusalem zur Zeit Jesu (→ Religionsbuch, S. 62).

Semiten, orientalische Völkergruppe mit untereinander verwandten (semitischen) Sprachen. Die Entwicklung der Alphabet- oder Buchstaben-schrift ist durch semitische Völker besonders gefördert worden.

Sumer, der Land der *Sumerer* im südlichen → Mesopotamien (S. 26). Die Sumerer sind die ältesten bekannten Bewohner dieser Region. Um die Mitte des 4. Jahrtausends v. Chr. wanderten sie dorthin ein, gründeten Städte, von denen einige sehr mächtig wurden und schufen eine bedeutende Kultur. Die ältesten Zeugnisse einer Schrift sind sumerischen Ursprungs.

Talmud (hebräisch: Lehre), eine umfangreiche Sammlung von Auslegungen der→Tora aus mehreren Jahrhunderten.

Tora, → Pentateuch.

2. Die ältesten Schriften waren ______________________________.

3. Erst durch die Erfindung der ______________________________
wurde es möglich, jeden Gedanken niederzuschreiben.

4. Der Name Bibel leitet sich ab von ______________________________.

Er heißt so viel wie ______________________________.

5. Die Bibel ist kein einheitliches Buch, sie besteht aus ______________

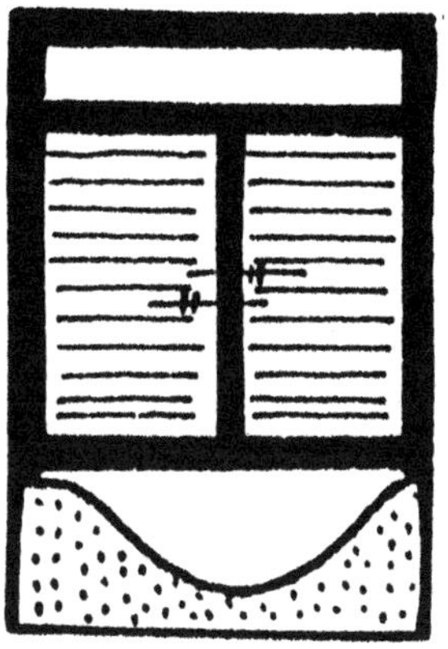

Einzelschriften, die zu ______________________________ Zeiten

entstanden sind. Ursprünglich wurde die Bibel auf ______________

in ______________________ Sprache geschrieben. Die Bibel ist die

Heilige Schrift der ______________ und der ______________.

6. Eine Bibelstelle wird angegeben mit dem Namen der jeweiligen Schrift, des Kapitels und des Verses. Schlage 2 Makk 2,25 nach und trage den Versanfang hier ein:

____

____

7. Kanon heißt
- ☐ ein kleines Geschütz.
- ☐ ein Lied, das bei gleicher Melodie in bestimmten Abständen von Gruppen gesungen wird.
- ☐ ein Gliedstaat der Schweiz.
- ☐ eine Regel oder Norm.
- ☐ die Sammlung der zur Bibel gehörenden Bücher.

8. Man nennt die Bibel auch das »Wort Gottes«.
- ☐ Sie ist in allen ihren Teilen und Aussagen »Wort Gottes«.
- ☐ In der Bibel wird der Hase zu den Wiederkäuern gezählt (Dtn 14,7) und von den Frauen wird gesagt, sie »sollen in den Gemeinden (Kirchen) schweigen« (1 Kor 14,34); auch das ist »Wort Gottes«.
- ☐ In der Bibel stehen manche zeitbedingte Ansichten, die heute nicht mehr gelten.
- ☐ Die Bibel ist nicht Satz für Satz »Wort Gottes«, sondern enthält es.
- ☐ »Wort Gottes« ist eine Metapher. Gott »spricht« auf mancherlei Weise, zum Beispiel durch

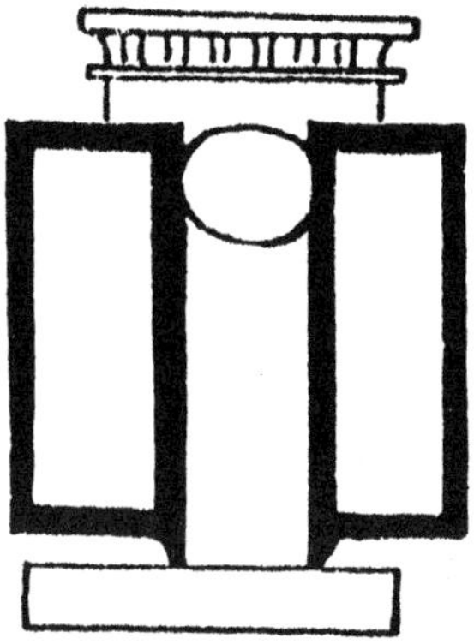

____

____

Religionen: Das Judentum

S. 39–56

Wer ist es?

Die Fotogalerie auf Seite 40 im Religionsbuch stellt acht Menschen vor, von denen du in der Schule wahrscheinlich noch nichts gehört hast. Darum findest du hier ihren Steckbrief. Wenn du genau liest und unser kleines Lexikon mitbenutzt, kannst du alle identifizieren.

75 Schon als Gymnasiast war er politisch tätig und schloß sich der Arbeiterbewegung an. Als er Student war, verbreitete er kommunistische Ideen in der Arbeiterschaft, wurde verhaftet und für vier Jahre nach Sibirien verbannt. Klug wie er war, gelang ihm aber die Flucht nach London. Dort lernte er den späteren Führer der russischen Revolution, Lenin, kennen. Er kämpfte an dessen Seite für den Sieg des Kommunismus. Nach der Oktober-Revolution von 1917 organisierte er die Rote Armee. Nach Lenins Tod sah Stalin in ihm einen lästigen Konkurrenten. Er ließ ihn 1927 aus der Partei ausschließen und des Landes verweisen. In seinem Testament steht: »Ich werde sterben im unerschütterlichen Glauben an die Zukunft des Kommunismus.« Im mexikanischen Exil wurde er 1940 mit einem Eispikkel erschlagen.

Die Presse meldete: » ______________________ ermordet!«

76 Was er nicht alles war! Lastwagenfahrer, Radioansager, Verkäufer, dann natürlich Schriftsteller, der viele erfolgreiche Bühnenstücke schrieb. Er will nicht nur unterhalten, er will auch zeigen, wie es um Mensch und Welt steht. Er sagt, »die Künstler sind es, die uns die Wirklichkeit vor Augen führen«. – Die Erinnerung an seine jüdische Kindheit in New York hat er nicht verloren, etwa wie er auf die Knien des Urgroßvaters in der Synagoge sitzt, »als säße ich mit ihm auf dem Pferd eines Karussels«. Am meisten in dieser Kindheit hat ihn beeindruckt, wie einmal »fünfzehn gebeugte alte Männer, in ihre Gebetsschals eingehüllt, alle in weißen Socken tanzten«. – Wenn man etwas von ihm lesen will, muß man in der Bibliothek fragen:

»Haben Sie etwas von ______________________________ ?«

77 Er wurde in Ulm an der Donau als Kind jüdischer Eltern geboren, doch lernte er den jüdischen Glauben im Elternhaus nicht kennen. Als aber später das Judentum immer heftiger in Deutschland angegriffen wurde, stellte er sich – bereits weltberühmt – auf die jüdische Seite. Seine Fachkollegen an deutschen Universitäten hatten dafür kein Verständnis. Als die Nazis ihre Gewaltherrschaft begannen, verließ er Deutschland und ging nach Amerika. Die Gründung des jüdischen Staates 1948 erfüllte ihn mit Hoffnung. Er wollte, daß dieser Staat »eine Kulturstätte für alle werde, die

Lexikon

Atheist (sprich: Athe - ist), ein nicht an Gott glaubender Mensch.

Auschwitz, polnische Stadt, in ihrer Nachbarschaft seit 1940 das größte Vernichtungslager der Nationalsozialisten. Hier wurden fabrikmäßig mehrere Millionen Menschen, vor allem Juden, umgebracht.

Babylonisches Exil: Nachdem im Jahre 586 v. Chr. Jerusalem durch den König Nebukadnezzar II. erobert worden war, wurde die gesamte Bildungsschicht nach Babylon verbannt. Diese Zeit dauerte bis 538.

Bar-Mizwa (hebräisch: »Sohn der Pflicht«, *Bat-Mizwa*, »Tochter der Pflicht«), die mit der Religionsmündigkeit des jungen Menschen verbundene Feier.

Beschneidung, Entfernung der Vorhaut des männlichen Gliedes. Bei einem jüdischen Jungen muß die Beschneidung acht Tage nach seiner Geburt vollzogen werden. Damit verbunden ist die Namensgebung. Der Brauch findet sich im Altertum auch bei Ägyptern und mehreren anderen Völkern; er kommt heute noch bei Arabern vor. Im

Zuflucht suchen«. 1952 wurde ihm angeboten, der zweite Staatspräsident Israels zu werden. Er lehnte ab, weil er sein Leben lang mit naturwissenschaftlichen Dingen beschäftigt gewesen sei und für dieses Amt nicht die richtige Erfahrung habe, »obwohl die Beziehung zum jüdischen Volk meine stärkste menschliche Beziehung geworden ist«.

Die Welt kennt ihn als ______________________________.

78 Die Familie besaß eigene Weinberge und trank Moselwein. Unter den Vorfahren sind viele Rabbiner. Weil der Vater als Jude kein Anwalt werden konnte, trat er zum Protestantismus über. Der Sohn war zu dieser Zeit erst sechs Jahre alt. Das Judentum lernte der Junge danach nicht mehr kennen. Gegen Ende der Schulzeit schrieb er einen Aufsatz über die »Vereinigung der Gläubigen mit Christus«; darin stehen weniger seine Gedanken als die des Religionslehrers. Bald darauf wurde ihm jede Religion gleichgültig. Er sah sie als etwas Hinderliches an. Die Bücher, die er schrieb, haben die Welt verändert. Man ehrte ihn mit zahllosen Denkmälern; viele davon sind seit 1989 gestürzt worden.

Er heißt: ______________________________.

79 Sie war das jüngste von elf Kindern; die Eltern waren strenggläubige Juden. Trotzdem – oder gerade deswegen? – löste sich bereits die Schülerin in ihren Jugendjahren vom jüdischen Glauben und sagte, sie sei Atheistin. Sie wollte von jetzt an »vorurteilsfrei« leben. Sie studierte Philosophie. Sie erwarb den Doktortitel. Irgendwann bekam sie, eher zufällig, ein Buch über die spanische Nonne Teresa von Avila in die Hand. Diese Lektüre machte sie neugierig auf das Christentum. Sie ließ sich in die katholische Kirche aufnehmen und trat in ein Kloster ein. Trotzdem entging sie nicht der Judenverfolgung der Nazis. Ihr Leben endete in Auschwitz. Sie hat kein Grab und keinen Grabstein.

Trag hier ihren Namen ein: ______________________________.

80 »Er fühlte sich durch und durch als Jude und war stolz auf sein Judentum«, sagt ein Freund über ihn. Wenn Juden mißachtet und verspottet wurden, hat ihn dies immer tief verletzt. Seine Bücher werden in aller Welt studiert. Sie haben ein bis dahin fast unbekanntes Gebiet entdecken lassen: das was jedem in sich selbst verborgen ist, das Unbewußte.

Er heißt: ______________________________.

81 Sie hatte eine schwere Kindheit. Die Mutter kam in eine Nervenheilanstalt; einmal hatte sie inmitten einer geistigen Verwirrung versucht, das Kleinkind zu ersticken. So kam das Kind zu Pflegeeltern. Die aber waren in einer Weise »fromm«, die alle Freude erstickte. Tadelte man das Mädchen für ein Ungeschick, hieß es, Jesus würde sie ebenfalls verurteilen.

Judentum gilt die Beschneidung als Zeichen des Bundes mit Abraham und darum des Bundes Gottes mit Israel.

Buber, Martin (1878–1965), jüdischer Philosoph und Pädagoge; er schuf zusammen mit Franz → Rosenzweig eine berühmte Übersetzung der Hebräischen Bibel ins Deutsche.

Canetti, Elias (* 1905), deutschsprachiger Schriftsteller. Nobelpreisträger für Literatur 1981.

Einstein, Albert (1879–1955), deutsch-amerikanischer jüdischer Physiker, der das heutige Weltbild durch seine Forschungen wesentlich mitbestimmt hat. Nobelpreisträger für Physik 1921.

Estrade, erhöhter Platz; hier: der für das Vorlesepult in der Synagoge erhöhte Platz.

Freud, Sigmund (1856–1939), österreichischer jüdischer Arzt, Begründer der Psychoanalyse (Heilung seelischer Krankheiten durch Aufarbeitung verdrängter Erfahrungen).

Getto, streng abgeschlossenes Stadtviertel, in dem die Juden wohnten. Das erste Getto entstand 1516 in Venedig, danach bis ins 19. Jahrhundert in vielen europäischen Städten, in Deutschland oft als »Judengasse« ausgebildet (Augsburg, Frankfurt, Köln, Nürnberg, Worms, Wien; Prag). Ein Getto war durch Tore begrenzt, die morgens geöffnet, nach Sonnenuntergang geschlossen wurden. Das Getto mußte außerhalb des Blickfelds der Kirchen der Stadt liegen. An christlichen Feiertagen blieb es geschlossen.

Golan, Hochland östlich des Sees Gennesaret.

Sie konnte das nie verstehen: »Jesus vergibt doch den Menschen, aber das haben sie nie gesagt.« Sie wurde ein auffallend schönes Mädchen, kam zum Film, hatte großen Erfolg. In ihrem Herzen aber war sie einsam. Ein berühmter Schriftsteller heiratete sie. Sie schlossen ihre Ehe nach jüdischem Ritus. Doch die Schatten der Kindheit kehrten immer wieder. So scheiterte ihre Ehe. Auch der berufliche Erfolg konnte sie nicht trösten. Irgendwann war ihr Lebensmut erschöpft . . .

Aber immer noch spricht man von ______________________________

82 Als Kind bekam er den Namen Aron. Als er während der Hitlerzeit Urlaub in Deutschland machte, sagte sein Vater: »Du darfst nicht sagen, daß du Jude bist. Das ist gefährlich!« So vertauschte er zwei Buchstaben seines Vornames und nannte sich Arno. Nachdem deutsche Truppen einen Teil Frankreichs besetzt hatten, tauchte er, noch als Schüler, mit seiner Schwester in Orléans unter. Hier lernte er erstmals den Alltag gläubiger Christen kennen. Zu seiner eigenen Überraschung wuchs in der folgenden Zeit der Wunsch in ihm, getauft zu werden. Die Eltern nannten das unverständlich, verrückt und unerträglich. Obwohl er ihnen mit seiner Absicht »unerhörtes Leid« zufügte, ließ er sich zusammen mit seiner Schwester taufen. Seinem Namen Aron fügte er die Vornamen der Taufpaten bei, unter denen er inzwischen bekannt geworden ist.
Seine Amtstitel sind hier nicht gefragt, nur sein Name:

____

Der jüdische Glaube

83 Das Fundament

»Auf drei Dingen steht die Welt«, sagt man im Judentum. »Auf der

____________, auf dem ______________________________ und auf den

______________________________ . Und diese drei sind eins.« Wieso das?

____

____

84 Die Tora

Wer sich etwas zutraut, versucht, den folgenden Lückentest mit eigenen Worten auszufüllen. Wer es nicht schafft, schaut ins Religionsbuch.
Zur Tora gehören folgende Bücher:

1. ______________________ 2. ______________________

3. ______________________ 4. ______________________

5. ______________________

Holocaust (griechisch: Brandopfer), mit diesem Wort wird die fabrikmäßige Ermordung von 6 Millionen Juden bezeichnet. Besser ist das hebräische Wort *Shoah*, Vernichtung, Katastrophe.

Kommunistisches Manifest, eine Programmschrift von Karl → Marx und Friedrich Engels, 1847/48 als Flugschrift verfaßt. Die in Fabriken arbeitenden Menschen, die kaum Rechte hatten, wurden aufgerufen, sich zu vereinen und für ihre Rechte zu kämpfen.

Konzentrationslager, abgekürzt: KZ, von den Nationalsozialisten eingerichtete Lager zur Ausschaltung ihrer politischen Gegner und zur Ermordung von abgelehnten Bevölkerungsgruppen (Juden, Sinti, Roma). Als erstes KZ wurde Dachau 1933 errichtet.

Kristallnacht (Reichskristallnacht, Novemberpogrom), Name für die Nacht vom 9. zum 10. November 1938, in der in Deutschland über 250 jüdische Synagogen verwüstet oder in Brand gesteckt wurden, etwa 7500 jüdische Geschäfte und Wohnungen geplündert und zerstört und über 25.000 Juden verhaftet wurden. Weil so viel Glas zerschlagen wurde, entstand der Name K., er verharmlost aber das wirkliche Geschehen.

Lustiger, Jean-Marie, ursprünglich: Aron, als Sohn jüdischer Eltern 1926 geboren, 1940 zum Christentum konvertiert, seit 1981 Kardinal-Erzbischof von Paris.

Marx, Karl (1818–1883), einer jüdischen Familie entstammend, protestantisch erzogen, atheistisch als Erwachsener, wurde M. zum Begründer des »Marxismus«: Er formulierte

Die Tora umfaßt die ______________________________ . Der wissenschaftliche Name dafür ist _________________________ .

Darin werden die Anfänge der Geschichte ______________ erzählt.

Aber noch bevor die Geschichte dieses Volkes zu lesen ist, finden wir Erzählungen über die Urgeschichte der _________________________ .

Israel wollte sich nicht zur Mitte der Welt machen, sondern den Blick auf die _____________________________ aller Menschen lenken.

Christen übersetzen Tora oft mit _____________ . Juden sagen statt dessen lieber _____________ . Sie verstehen die Tora vor allem als _________________ . Wenn am Fest _________________ sogar jüdische Greise mit der ____________ im Arm wie mit einem Partner begeistert tanzen, wird deutlich, daß für sie die Tora mehr ist als nur » _____________ «.

Die Synagoge

85 Das griechische Wort Synagoge bedeutet _________________ _________ . Die ersten Synagogen entstanden (irgendwann) nach dem _________________________ Exil. Zur Zeit Jesu gab es bereits überall Synagogen, wo Juden eine ____________ bildeten. In der Synagogen findet der öffentliche _______________________ statt. Außer dem Gottesdienstraum gibt es auch Räume für _________________ ____ .

86 Jedes Kind weiß, wie es eine Kirche malen kann; der Turm und die Größe des Bauwerks sind ihre Merkmale. Für Synagogen gibt es diese Merkmale nicht. Sie sehen in verschiedenen Ländern und Zeiten immer wieder anders aus. Es gibt arme und reiche, große und kleine Synagogen. Gibt es äußere Merkmale, an denen man auf diesen Bildern eine Synagoge erkennen kann? Wenn ja, welche sind es?

____

____

zusammmen mit Friedrich Engels das → Kommunistische Manifest und schrieb die wichtigsten Bücher für den internationalen Kampf der Arbeiterschaft gegen kapitalistische Ausbeutung.

Mazzen (hebräisch: ungesäuertes Brot), sehr dünnes Fladenbrot, das am → Sederabend in jüdischen Familien zum Gedenken an den Auszug der Israeliten aus Ägypten (Ex 12,34) gegessen wird.

Menora, der siebenarmige Leuchter der Tempels in Jerusalem, den Titus nach der Eroberung der Stadt als Siegesbeute nach Rom mitführte (Religionsbuch, Bild S. 54). Als Symbol des Lebensbaumes und des Lichtes im Judentum immer neu verwendet. Seit 1948 offizielles Zeichen des Staates Israel.

87 Liste ehemaliger Synagogen in meiner Heimat:

Ort	*Schicksal der Synagoge in der Nacht vom 9. 11. 1938*	*Heutige Situation*

In der Synagoge

88 Warum tragen die Jungen und Männer auf allen Fotos der Seiten 46/47 eine Kopfbedeckung?

Wenn ein *nicht*jüdischer Junge oder Mann eine Synagoge betritt, was müssen beide beachten?

89 Wie nennt man die Lederriemen, die der Jude (vgl. Foto S. 45) um seinen Arm gelegt hat? ________ Was befindet sich in der Kapsel, welche er vor seiner Stirn trägt? ________

Trag einen dieser Texte hier ein: ________

90 Jüdische Feste

Trage zu den Holzschnitten jeweils ein
a) den hebräischen und den deutschen Namen des Festes
b) eine kurze Bilderklärung: Was wird dargestellt?

91 Ausfüllrätsel

Die Anfangsbuchstaben der gesuchten Wörter ergeben, hintereinander gelesen, einen Rat, wie der Sabbat gefeiert werden soll:

1		
2		
3		
4		
5		
6		
7		
8		
9		
10		
11		
12		
13		
14		
15		
16		
17		
18		
19		
20		

1. An diesem Tag sind die Straßen von Jerusalem fast völlig verkehrsfrei. Sogar das Radio schweigt. Kein Telefon klingelt. Wie heißt das Fest mit seinem deutschen Namen?
2. Weltberühmter jüdischer Physiker
3. Jüdisches Neujahrsfest
4. Kerzen werden angezündet; statt auf der Menora brennen sie auf einem achtarmigen Leuchter. Was für ein Fest ist Chanukka?
5. Stammvater Israels
6. Jüdischer Maler, der 1943 im Versteck einen vom Elend gezeichneten Juden malte
7. Mittelalterliches Judenviertel
8. Tag, der »Vorgeschmack der Ewigkeit« sein soll
9. Einer, der nicht an Gott glaubt
10. Wird beim Sedermahl gegessen; »Brot des Elends«
11. Vorname einer jüdischen Ordensfrau, die in Auschwitz ermordet wurde
12. Fachausdruck für »Die Zehn Gebote«
13. Wenn man durch das Südportal des Straßburger Münsters geht, steht sie links am Eingang
14. So wurde Jakob genannt; eine Name des »mitlaufenden Anfangs«
15. Rosch ha-Schana
16. Er ist Jude und auch Kardinal der römischen Kirche
17. Ein Schriftsteller beschreibt, wie es in einer Synagoge zugehen kann. Während viele sich noch unterhalten, liest der Rabbi still für sich auf der . . .
18. »Sohn der Pflicht«
19. Diese Schriften entstanden in jener Zeit, als Juden und Christen einander feind wurden
20. Wüste im Süden Israels

Midrasch, Geschichten (Predigten, Überlegungen) zur Auslegung der Bibel.

Miller, Arthur (* 1915), amerikanischer jüdischer Schriftsteller, der wichtige Theaterstücke geschrieben hat. Arthur Miller war verheiratet mit der Schauspielerin Marilyn → Monroe.

Monroe, Marilyn (1926–62), amerikanische Filmschauspielerin, die Arthur → Miller 1956 nach dem jüdischen Ritus heiratete.

Oktoberrevolution, die bolschewistische Revolution unter Führung Lenins in Rußland im Oktober 1917 in St. Petersburg und Moskau, die zum Sturz des Zarenreiches führte.

Pentateuch, → S. 33 f.

Pessach, jüdisches Osterfest, das im Gedenken an den Auszug aus Ägypten gefeiert wird.

Pharao (ägyptisch: »großes Haus«), zunächst war mit dieser Bezeichnung der königliche Palast gemeint, später wurde der Name auf den König übertragen. Im Pharao war der ägyptische Staat (ein Wort dafür gab es nicht) verkörpert.

Pharisäer, eine Gruppierung im Judentum zur Zeit Jesu, welche die Tora ernsthaft leben wollte. Innerhalb dieser Bewegung gab es verschieden strenge Richtungen. Pharisäer waren die häufigsten Gesprächspartner Jesu; er stand ihnen nahe oder gehörte selbst zu einer ihrer Richtungen. Als später die Evangelien entstanden, waren Pharisäer die bedeutendsten jüdischen Kritiker des Christentums; darum wurde mit jedem späteren Evangelium das Bild der Pharisäer immer negativer gezeichnet.

92 Zwei Frauen

Welche Namen tragen diese beiden Frauen?

________________ und ________________.

Was vertreten sie?

____

Warum ist der Lanzenschaft der rechtsstehenden Frau gebrochen?

____

Was hält sie in ihrer Linken?

____

Warum sind ihr die Augen verbunden?

____

Wann wurden die beiden Figuren geschaffen? ________________

Betrachte das untenstehende Bild aus einem jüdischen Gebetbuch der gleichen Zeit. Wie sind die beiden Frauen dort zu sehen?

____

____

Test

1. Erkläre die Begriffe: Israelit ______

Israeli ______

Jude ______

2. Wer ist ein Jude?
- ☐ Wer von einer jüdischen Mutter geboren wurde.
- ☐ Wer einen Paß des Staates Israel hat.
- ☐ Wer mit einem Juden verheiratet ist.
- ☐ Wer sich zum jüdischen Glauben bekennt.
- ☐ Wer am Synagogengottesdienst teilnimmt.

3. Notiere die Namen berühmter Juden: ______

______

4. Was heißt Tora? ______

5. Erkläre die folgenden Begriffe:

Getto ______

Menora ______

Pessach ______

6. Einige Jahreszahlen:
Der erste Tempel (den König Salomon erbaute) wurde ______ v. Chr. durch die Babylonier zerstört.

Der zweite Tempel wurde ______ n. Chr. durch die Römer zerstört.

In der Nacht vom ______
wurden in Deutschland fast alle Synagogen zerstört.

7. In meiner Heimat gab es Synagogen in ______

______

Jüdische Friedhöfe gibt es in ______

______

Erinnerungen an die jüdische Geschichte und Gedenkstätten finden sich

______

______

Rabbi, Ehrenname für jüdische Lehrer; später ein durch Studium erworbener Gelehrtentitel.

Rosenzweig, Franz (1886–1929), deutsch-jüdischer Philosoph und Bibelübersetzer.

Sch'ma Israel, (hebräisch: »Höre Israel«, Religionsbuch, S. 42), das Bekenntnis des gläubigen Juden, der Märtyrer und das letzte Gebet vor dem Tode.

Sedermahl, das Familienmahl am Abend des → Pessachfestes.

Stein, Edith (1891–1942), Philosophin, die nach einer jüdischen Kindheit und Jugend 1922 katholisch wurde und 1933 in den Karmelitenorden eintrat. Im Rahmen der nationalsozialistischen Judenverfolgung wurde sie 1942 verhaftet und in → Auschwitz ermordet.

Talmud, → S. 34.

Tallit, ein viereckiges Tuch mit dunklen Streifen. Er wird von männlichen Juden beim Gebet über der Kleidung getragen.

Tefillin, Gebetsriemen mit zwei schwarzen Lederkapseln. Die Kapseln enthalten die Bibelworte Ex 13,1-10. 11-16; Dtn 6,4-9 und Dtn 11,13-21.

Trotzki, Leo (1879–1940), russischer Revolutionär und Politiker, Mitarbeiter Lenins und führend bei der → Oktoberrevolution. T. wurde wahrscheinlich durch einen Agenten Stalins ermordet.

Tora, → S. 34.

Tradition, Überlieferung, Herkommen; was aus früheren Zeiten an Bräuchen, Ordnungen und Überzeugungen weiterlebt.

Jesus: Der Jude

S. 57–64

Das Land

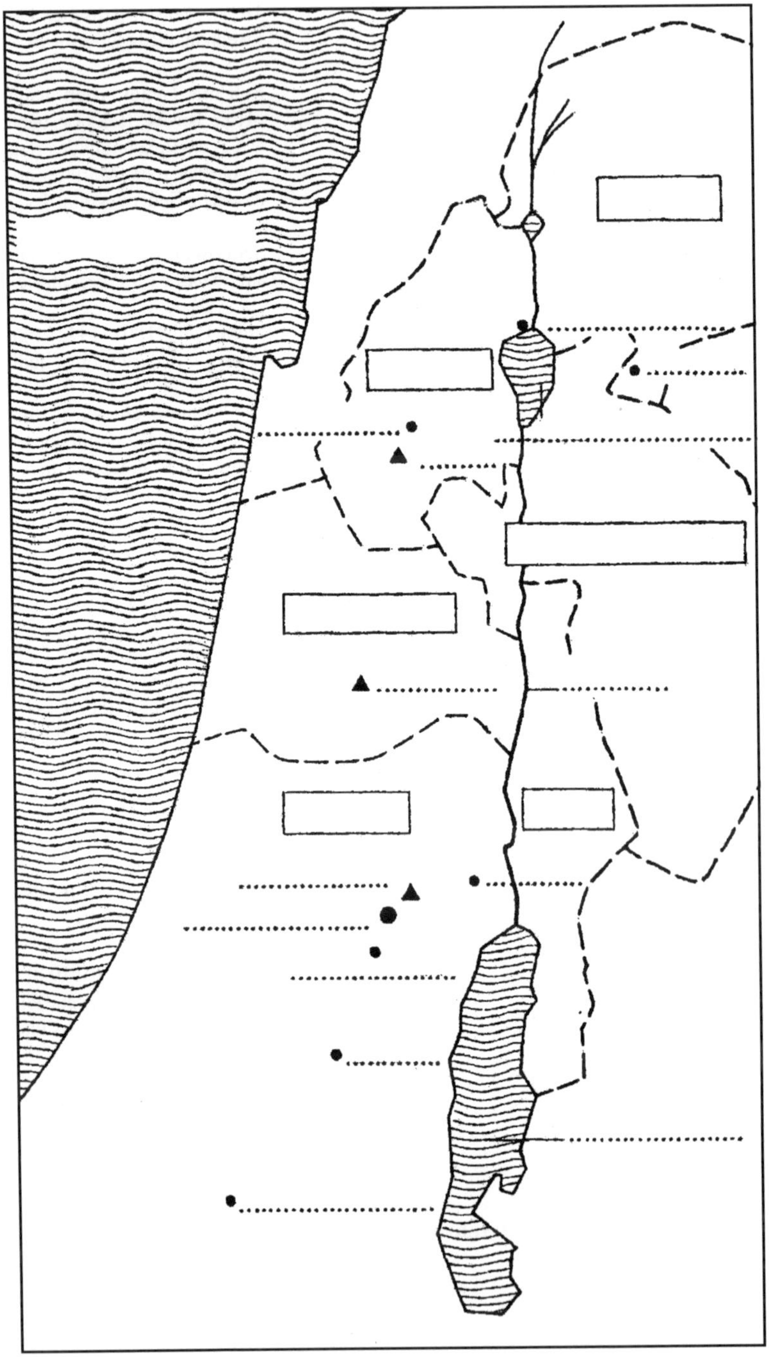

93 Trage auf dieser Karte ein:

1. die Gewässernamen:
Mittelmeer, Totes Meer, See Gennesaret, Jordan;

2. die Landesteile:
Judäa, Galiläa, Samaria; auch die ostjordanischen Landschaften: Golan (Gaulanitis), Dekapolis (Zehnstädteland), Peräa;

3. die Orte:
Beerscheba – Betlehem – Gamla – Hebron – Jericho – Jerusalem – Kafarnaum – Nazaret;

4. die Berge:
Garizim, Tabor, Ölberg.

94 Die Herkunft Jesu

Der Name Jesus ist die griechische Form von ______________.

Vielleicht riefen die Eltern ihren Jungen aber auch mit der Kurzform ______________ Der hebräische Name der Mutter war ______________.

Joseph wurde abgekürzt zu ______________. Die Alltagssprache damals war ______________. Jüdische Kinder lernten aber schon früh ______________, damit sie die Sprache der Bibel lesen und verstehen konnten. Jesus war in ______________ zu Hause. Dieses Dorf liegt in ______________. Weil Jesus eine gute Kenntnis der Heiligen Schrift hatte, sprachen ihn die Menschen, als er erwachsen war, meistens mit dem Titel ______________ an.

Jesus wurde ______ Jahre vor Christus geboren (oder muß man hier sagen: vor unserer Zeitrechnung?). Die Jahre seines öffentlichen Auftretens liegen wahrscheinlich zwischen ______________ und ______________. Zunächst wanderte und lehrte er in ______________. Sehr gerne war er in ______________, am Ufer des Sees ______________ gelegen. Dort sprach er öfter in der ______________. In Jerusalem erregte er vermutlich Anstoß bei der Priesterpartei der ______________.

Vor einem ______________ -fest wurde er verhaftet und schon am folgenden Morgen ______________ verurteilt. Der römische ______________ Jesu hieß ______________. Die jüdische Bevölkerung ______________ ihn. Er hat ______________ andere Todesurteile verhängt und vollziehen lassen. Der jüdische Gerichtshof hieß ______________.

Er konnte ______________ Todesurteile aussprechen. Über dem Kreuz Jesu ließ ______________ folgenden Text anbringen ______________

______________________________.

Lexikon

Chagall, Marc (1887–1985), russisch-jüdischer Maler, der den größten Teil seines Lebens in Frankreich verbrachte. Er malte das jüdische Leben seiner Heimat, die Hebräische Bibel und während der Nazi- und Kriegszeit mehrfach Bilder der Kreuzigung Jesu als Anklage gegen Judenverfolgung und Krieg.

Erez Israel (hebräisch: Land Israel), so z.B. schon 2 Kön 6,23 genannt (→Palästina).

Garizim, Berg bei der Stadt Sichem, 868 m hoch. Die Samariter nennen ihn den »Berg des Segens«. Nachdem sie sich von Jerusalem abgewendet hatten, errichteten sie dort einen eigenen Tempel. Dadurch wurde der Streit zwischen Samaritern und Juden verschärft. 129 v. Chr. wurden Sichem und der Tempel auf dem Garizim durch den König Hyrkan zerstört. → Herodes stellte Stadt und Tempel wieder her.

Herodes, König von Judäa (um 73–4 v. Chr.), Sohn des Antipater und der Nichtjüdin Kypros, durch seinen Vater auch im Besitz der römischen Bürgerrechte. Vom römischen Senat zum König ernannt, konnte er mit römischer Hilfe im Jahre 37 Jerusalem erobern. Er führte einen Vernichtungskrieg gegen seine politischen Gegner. Durch die Hinrichtung seiner Frau Mariamne und der gemeinsamen Söhne verlor er allen Rückhalt im Judentum. Er verwirklichte ein riesiges Bauprogramm mit Städtegründungen, Festungsbauten, Tempelausbau und Palästen.

Josephus, mit römischem Namen: Josephus Flavius, (37/38

95 Die Pharisäer

Über die Pharisäer gibt es viele falsche Ansichten. Kreuze die richtigen Aussagen an:

Pharisäer sind:

- ☐ Gegner der Sadduzäer
- ☐ Gemeindeleiter im Judentum
- ☐ Untergrundkämpfer gegen die Römer
- ☐ Förderer der Synagoge als Ort des Gottesdienstes
- ☐ Scheinheilige Frömmler
- ☐ Leute, die ihre Religion ernst nahmen
- ☐ Feinde der Jesus-Bewegung
- ☐ Freunde und Gesprächspartner der Jesus-Bewegung
- ☐ eine Volkspartei
- ☐ eine vom Volk abgelehnte Gruppierung
- ☐ Untergrundkämpfer gegen die Römer
- ☐ Bewahrer und Retter des Judentums nach dem Untergang Jerusalems

Sadduzäer sind:

- ☐ Anhänger und Parteigänger der Römer
- ☐ organisierte Bettler und Obdachlose
- ☐ der Verband der Synagogenvorsteher
- ☐ Offiziere der Tempelpolizei
- ☐ Religionspartei der Priester und reichen Leute
- ☐ eine religiöse Erneuerungsbewegung
- ☐ Gegner des Glaubens an eine Auferstehung
- ☐ eine mit dem Tempel im Jahre 70 untergegangene Gruppierung

96 Jesus und die Tora

Es gibt im Christentum unterschiedliche Ansichten über das Verhältnis Jesu zur Tora. Welche von den nachstehenden Urteilen sind zutreffend, welche falsch? Begründe deine Ansicht.

Das hebräische Wort *Tora* wird am besten übersetzt mit

☐ Gesetz ☐ Gebot ☐ Weisung ☐ Lehre.

Wenn Juden von der Tora sprechen, verbinden sie – bewußt oder unbewußt – folgende Begriffe damit (Unzutreffendes streichen):

Strafe – Angst – Freude – Leistung – Gebot – Verbot – Buchstabentreue – Leben – Orientierung – Strenge – Barmherzigkeit – Gericht – eigenes Handeln – Geborgenheit.

– nach 100), bedeutender jüdischer Geschichtsschreiber. Schon in jungen Jahren schloß er sich den → Pharisäern (S. 41) an. Von 64–66 wirkte er als jüdischer Diplomat in Rom. Nach seiner Rückkehr nahm er am jüdischen Aufstand gegen die Römer teil und leitete dabei das Kommando über eine Festung in Galiläa. Er geriet in Gefangenschaft und sagte in dieser Zeit dem Oberkommandierenden Vespasian die Kaiserwürde voraus. Bereits 69 wurde er freigelassen. Die Eroberung Jerusalems erlebte Josephus im Gefolge des Titus. Danach ging er nach Rom, wo er zahlreiche Bücher schrieb. Er wollte damit der nichtjüdischen Welt die Geschichte, Religion und Kultur der Juden verständlich machen und so einer Aussöhnung zwischen der römischen Weltmacht und dem Judentum dienen. Gleichzeitig verfolgten seine Bücher eine Rechtfertigung des eigenen Lebens. Für unsere Kenntnis des 1. Jahrhunderts sind die Schriften des Josephus eine wichtige Quelle.

Kafarnaum, »Dorf Nahums«, am Westufer des Sees Gennesaret gelegen, zeitweiliger Aufenthaltsort Jesu. Schon früh gab es in Kafarnaum Christen; die große und reiche Synagoge, die dort einige Jahrhunderte später gebaut wurde, zeigt jedoch an, daß eine bedeutende jüdische Gemeinde weiterhin bestand.

Kaiser, römische: Das Verhältnis zwischen den römischen Kaisern und den Juden war immer gespannt. Die fast göttliche Verehrung der Kaiser widersprach dem jüdischen Glauben und brachte darum viele Konflikte mit sich; andererseits leistete das jüdische Volk dem Kaiser den Treueeid und achtete kaiserliche Feste.

Jesus wollte die Tora nicht aufheben, sondern erfüllen. Trag hier Mt 5,17 ein:

____

____

____

____

97 Die weiße Kreuzigung

Auf dem Bild von ____________________ trägt Jesus einen ____________________ als Lendenschurz. Auch sein Kopf ist ______________ . Jeder jüdische Mann trägt eine Kopfbedeckung, wenn er ____________________ . Der Maler zeigt den gekreuzigten Jesus also als ____________________ .

Rings um das Kreuz brennt die Welt. Hoch schlagen die Flammen aus einer ______________ . Das Gemälde erinnert an ______________ ______________ . Jesus vertritt hier ______________ ________ . Die Christen haben damals in ihren ______________ Mitmenschen den ________ Jesus nicht wiedererkannt.

Kaiser Augustus bestätigte »allen Juden des Reiches« die Vorrechte, die ihnen Caesar verbürgt hatte, erklärte Tempel und Synagogen für unverletzlich und gestattete ihnen freie Religionsausübung. Die Juden fanden sich jedoch nie mit der Fremdherrschaft und den römischen Eingriffen in Jerusalem ab. Darum gab es immer wieder neue Aufstände (→ Zeloten), die jedoch durch Rom blutig unterdrückt wurden (→ Prokuratoren).

Nazaret, Dorf in Galiläa; erstmals wird es als Heimat Jesu und seiner Eltern genannt. – Heute ist Nazaret neben Jerusalem die größte Arabersiedlung in Israel.

Palästina, von Philistäa, Philisterland abgeleitet; das biblische Kanaan, hebräisch: Erez Israel. Die Römer gaben dem Land diesen Namen im 2. Jh. n.Chr., um die Erinnerung an alles Jüdische auszulöschen. Er war bis ins 19. Jh. fast nur in christlichen Kreisen gebräuchlich. Eine politische Bezeichnung ist Palästina nie gewesen, darum sind auch keine eindeutigen Landesgrenzen mit diesem Namen verbunden. Durch die Gründung des Staates Israel 1948 entstanden bis heute ungelöste Konflikte mit der dort ansässigen arabischen Bevölkerung (Palästinenser).

Prokuratoren: Nach dem Tode König Herodes' und der Absetzung seines Sohnes wurde das jüdische Reich zu einer römischen Provinz herabgestuft und Prokuratoren unterstellt. Dabei kam es zu einer hemmungslosen Ausbeutung des Landes durch Steuererhebungen. Zugleich wurden immer wieder die religiösen Gefühle der Juden verletzt. Die blutigen Aufstände von 66 n. Chr. endeten mit der Zerstö-

Test

1. In welchem Jahr wurde Jesus (wahrscheinlich) geboren?

____

2. Wie erklärst du, daß »Jesus vor Christus geboren wurde«?

____

____

____

3. Die Heimat Jesu war ______________ ; dieses Dorf liegt

in ______________________________

4. Die Muttersprache der Juden zur Zeit Jesu war ______________ ;

sie mußten also ______________ lernen, um die Bibel lesen

zu können.

5. Wegen seiner Schriftgelehrtheit nannten die Menschen Jesus

____

6. Die Richtung, der Jesus in seinem Volk am nächsten stand, waren

☐ die Pharisäer ☐ die Sadduzäer ☐ die Zeloten

7. Jesus wurde von ______________ verurteilt;

dieser war ______________ .

8. Auf der Schrifttafel, die wir heute über dem gekreuzigten Jesus lesen

können, stehen immer nur vier Buchstaben, nämlich: ______________

Ausgeschrieben heißt das: ______________

____

____

rung Jerusalems im Jahre 70 durch Titus.

Samaritaner (Samariter), ein durch assyrische Siedlungspolitik entstandenes Mischvolk, das sich um 420 v. Chr. vom gemeinsamen Tempel in Jerusalem löste und auf dem → Garizim einen eigenen Tempel errichtete. Seitdem herrschte zwischen Juden und Samaritern ein gespanntes Verhältnis.

Zeloten (griechisch: die Eiferer), eine Untergrundbewegung, die gegen die römische Besatzung gewaltsamen Widerstand leistete. Als sich das Verhältnis zwischen Römern und Juden so verschlechterte, daß jeder hingerichtet (meist gekreuzigt) wurde, der sich des Aufruhrs auch nur verdächtig machte, fachte dies die Empörung an. Es entstand immer härterer Aufruhr; schließlich brach im Jahre 66 der jüdisch-römische Krieg aus.

Zeitrechnung: Als Jesus geboren wurde, gab es unter den Völkern unterschiedliche Zeitrechnungen, beispielsweise jene, die »ab Gründung der Stadt Rom« zählte. Andere rechneten nach den Regierungsjahren ihrer Könige. Nachdem sich das Christentum verbreitet hatte, wurden die alten Zeitrechnungen noch lange beibehalten. Im Jahr 531 aber begründete der römische Abt Dionysius eine neue Zeitrechnung, indem er alle Daten auf die Geburt Jesu hin umrechnete. Seitdem hat sich durchgesetzt, von der Zeit vor und nach Christi Geburt zu sprechen. In neuerer Zeit zeigte sich, daß Dionysius Fehler unterlaufen sind und er die Geburt Jesu etwa 6 Jahre zu spät angesetzt hat. Jesus wurde also »vor Christus« geboren, was dem Wortlaut nach unsinnig, im Sinne unserer Zeitrechnung aber richtig ist.

98 Van Goghs Gleichnisse

Hier sind drei Zeichnungen von Vincent van Gogh. Sie zeigen einfache, alltägliche Dinge. Für van Gogh waren sie Gleichnisse für eine dahinterliegende Welt. Für die meisten Menschen sind solche Dinge des Alltags »nichts Besonderes«. Wenn sie zum »Gleichnis« werden sollen, muß man sie mit Ruhe und Nachdenklichkeit betrachten.

Schreibe zu den Zeichnungen einen Text, der sie als Gleichnisse deutet.

Ob der Stuhl auf Seite 13 und der Blütenzweig auf Seite 65 ebenfalls zu den Dingen gehören, die van Gogh als Gleichnisse versteht?

Lexikon

Denar, römische Silbermünze; im Laufe der Kaiserzeit wurde der Denar nach Gewicht und Legierung immer wertloser. Die Bezeichnung D. ist heute noch erhalten im »Dinar« (Jordanien, Irak, Iran, ehem. Jugoslawien).

Dritte Stunde: Die Zwölfteilung des Jahres wurde auf den Tag übertragen; daraus entwikkelte sich der Begriff der Stunde, in dem man sowohl den Lichttag als auch die Nacht in zwölf Teile teilte. Die Juden gliederten die Nacht in drei Nachtwachen; für den Tag waren die dritte, sechste und neunte Stunde hervorgehoben.

Folter: Im Judentum gab es sie nicht. In Griechenland waren tatverdächtige Sklaven der F. unterworfen. Die Römer regelten die Anwendung der F. gesetzlich; nur der Richter durfte sie anordnen; vollzogen wurde die F. dann nichtöffentlich durch den Gerichtsdiener. Der im Gleichnis (Mt 18,34) erzählte Vorgang, setzt eine andere Praxis oder gar Willkür voraus.

Gesetzeslehrer, genauer: *Toralehrer*, gab es zu allen Zeiten im Judentum, es gibt sie immer noch. Ihre Kenntnisse sollten aber nicht wenigen sondern allen dienen. Darum waren sie stets um eine breite Schulbildung bemüht, die auch armen Kindern zugänglich war. Die Pharisäer waren Vorkämpfer für die Bildung und Erziehung des Volkes. Im Judentum gab und gibt es zu allen Zeiten viele große Lehrer; einer steht *neben* dem anderen. Unbekannt ist den Juden die Vorstellung eines *einzigen* Lehrers.

Herodes, → S. 45.

99 Das Gleichnis als Spiel

Das Gleichnis vom erbarmungslosen Gäubiger läßt sich gut spielen. Dazu müßt ihr zunächst die Biographie (Lebensgeschichte) jeder einzelnen Rolle entwerfen. Malt euch genau aus, wie ihr euch den König und seinen Diener vorstellen wollt. Wenn ihr beide klar vor Augen habt, könnt ihr sie in Sprache und Verhalten genauer ins Spiel bringen.

Der König: Es gibt ebenso harte wie gütige Könige, verständnisvolle und verständnislose, gerechte und ungerechte: Von welcher Art ist der König des Gleichnisses? Wie geht er mit Menschen um? Wie denkt er über Schuld und Vergebung?

Der Diener: Einen »Diener«, der 10.000 Talente schulden könnte, kann es in der Realität eigentlich nicht geben. Wie wollen wir uns einen solchen Mann denken? Wie geht er mit Geld um? Wie geht er mit Menschen um?

Der andere Diener: Er hat Schulden, wie sie viele Menschen haben, Schulden, die man zurückerstatten kann. Um diesen Menschen zu kennzeichnen, muß man nur sich selbst oder die Nachbarn kennen.

Wenn ihr Vorgespräche und Vorarbeiten abgeschlossen habt, könnt ihr euch in Gruppen teilen und die Handlung im Spiel einüben. Dann kommt wieder zusammen und führt euch wechselseitig die Szene vor.

Jericho, sehr alte Stadt im Jordangraben, tiefstgelegene Stadt der Erde. Herodes machte Jericho zu seiner Winterresidenz. Die Straße vom hochgelegenen Jerusalem nach J. führt durch eine unbesiedelte, felsige Einöde, in der sich nicht nur zur Zeit Jesu Raubüberfälle ereigneten.

Levit, ein Gehilfe des Priesters beim Opferdienst und bei anderen Tempelpflichten.

Priester: Ursprünglich konnte wahrscheinlich jeder Israelit priesterliche Aufgaben wahrnehmen. In der Bibel beginnt eine eigene Priesterordnung mit Aaron. Seine Nachkommen im Stamm Levi stellten in der späteren Zeit die Priesterschaft. Erst langsam entwikkelte sich das ausschließliche Recht dieser Priester, im Tempel das Opfer darzubringen. Die Zerstörung des Tempels im Jahre 70 führte zum Ende der jüdischen Priesterschaft. Im heutigen Judentum gibt es keine Priester mehr.

Sklave, Sklavenhandel: Schon der alte Orient kannte die Sklaverei als Besitzrecht über einen anderen Menschen. Fast immer war die Sklaverei das Ergebnis von Gewaltanwendung. Im Kriege versklavte man gefangene Soldaten, oft sogar ganze Bevölkerungsteile besiegter Gebiete; auch Verschuldung konnte zur Versklavung führen. Es entstanden Märkte für Menschenhandel. Die östlichen Kriegsschauplätze Roms brachten den Sklavenhandel im 2. und 1. Jh. v. Chr. zu riesigen Ausmaßen. Es kam zu großen Sklavenaufständen. – Auch im Judentum gab es S. Die Tora forderte ihre schonende Behandlung (Lev 25,35-55); sie dürfen nicht verletzt und getötet werden, können Besitz erwerben und Erben sein.

Diese Welt: Christ sein

S. 71–76

100 Steckbrief des Hermius

Früherer Wohnsitz: ______________________________

Frühere Besitz- und Lebensverhältnisse: ______________________________

____

Späterer Wohnsitz: ______________________________

Beruf, Beschäftigung: ______________________________

Reiseziel: ______________________________

Personenbeschreibung (Aussehen, Kleidung): ______________________________

____

Charakter: ______________________________

____

101 Steckbrief des Pamphalon

Wohnort: ______________________________

Beschreibung der Wohnung: ______________________________

Personenbeschreibung (Aussehen, Kleidung): ______________________________

____

Beruf, Beschäftigung: ______________________________

Besitz- und Lebensverhältnisse: ______________________________

____

Charakter: ______________________________

____

Lexikon

Damaskus, Hauptstadt von Syrien, uralte Oasenstadt, die am Westrand der Syrischen Wüste liegt.

Edessa, Stadt in Ostsyrien, in der sich schon früh ein christliches Zentrum bildete.

Gesicht: *»Ich habe von dir ein Gesicht gehabt«*: Man spricht von einem »Traumgesicht«; auch eine Vision, eine innere Eingebung, kann Gesicht genannt werden. Hermius will sagen, daß er von Pamphalon bereits auf seiner Felsklippe *durch ein Gesicht* erfahren hat.

Hetäre, eine Frau, die für Geld dem Vergnügen fremder Männer dient.

Konstantinopel (griechisch: Stadt Konstantins), die im Jahre 330 von Kaiser Konstantin zur Hauptstadt des Römischen Reiches erhobene Handelsstadt Byzanz. Bis zur Eroberung durch die Türken 1453 war K. Hauptstadt des christlichen byzantinischen Reiches. Seither heißt K. *Istanbul* und ist ein Zentrum islamischer Kultur.

Säulenheilige, eine Sonderform des östlichen Mönchtums im 5. bis 7. Jh. Für die Lebensform der Säulenheiligen gal-

102 Interview mit Pamphalon

Du bist Pamphalon, und ein Reporter stellt dir folgende Fragen:

- Letzte Woche, so war zu hören, hat dich ein fremder Mann besucht, der
- durch sein zerlumptes, ungepflegtes Aussehen auffiel. Wie kam er zu dir?
- Wie hast du eine so wenig vertrauensvolle Gestalt aufgenommen?
- Was wollte der Mann von dir?
- Und hast du ihm seine Fragen beantworten können?
- Man hörte, der Alte sei »getröstet« von dir fortgegangen. Allgemein gelten diese Einsiedler als komische Leute und kaum zu überzeugen. Wodurch hast du ihn trösten können?

103 Interview mit Hermius

Du bist der alte Hermius, und ein neugieriger Reporter kommt auf deinem Weg zurück in die Wüste hinter dir her:

- Von dir wird berichtet, in jungen Jahren wärest du ein reicher, angesehener Mann gewesen. Eines Tages hättest du alle deine Sklaven freigelassen und deinen Besitz verschenkt. Wie soll ich das verstehen?
- Wohin bist du gegangen, nachdem du Konstantinopel verließest?
- Ist es nicht sonderbar, auf einer Felsspitze leben zu wollen, die nur für einen einzigen Menschen Platz hat? Warum hast du solch einen Ort gesucht?
- Was haben die Leute damals gesagt, die zu dir kamen?
- Und warum hast du dann doch eines Tages deinen Fels verlassen und bist in das lärmige Damaskus gegangen?
- Wie konntest du einen Menschen, der dir unbekannt war und dessen Anschrift du nicht wußtest, in der Großstadt finden?
- Was wolltest du von diesem Gaukler?
- Schien dir so ein Luftikus nicht die falsche Adresse zu sein?
- Man sagt, deine Abschiedsworte seien gewesen: »Du hast mich beruhigt!« Welchen Trost hat dir der Spaßvogel gegeben?

104 Der Gaukler Pamphalon als Rollenspiel

Teilt eure Klasse in Gruppen auf, von denen jede für sich die Erzählung im Rollenspiel einübt und danach allen vorstellt. Auch hier ist es wichtig, zuvor eine genaue Biographie (Lebensbeschreibung) der handelnden Personen zu entwerfen. Was sie im Spiel sagen, könnt ihr dann frei formulieren.

105 Rückblick

Die Legende vom Gaukler Pamphalon finde ich:

☐ nachdenkenswert ☐ langweilig ☐ lächerlich ☐ interessant
☐ unwichtig ☐ schön ☐ lehrreich ☐ überflüssig ☐ bedeutsam
☐ komisch ☐ altertümlich ☐ anregend

Kreuze jene drei Urteile an, die für dich am meisten zutreffen.

ten drei Maßstäbe: das Verweilen an einem Ort, das Unbehaustsein und das »Stehen«. Viele haben Jahre und sogar Jahrzehnte auf der schmalen Plattform einer Säule zugebracht und sind dort Ratgeber der Pilger geworden; vielen anderen dienten sie zur Sensationslust.

Sklaverei, → S. 50.

Ziegenfell: Die Kleidung der Wüstenheiligen bestand durchweg aus Lumpen und Tierfellen. Da es zeitweilig Mode war, in die Einsamkeit zu gehen und jedem Wohlstand den Rücken zu kehren, gab es nicht wenige Einsiedler, die zum Bürgerschreck wurden.

Noch ein Narr

Als der Maler Vincent van Gogh seinen geringen Besitz verschenkte, sagte »die gute Bäckersfrau«: »Herr Vincent, warum geben Sie denn alle Ihre Kleider weg? Sie sind doch aus einer feinen holländischen Pastorenfamilie.«
Er antwortete: »Ich bin ein Freund der Armen, wie es der Herr Jesus war.«
Sie antwortete: »Sie sind nicht mehr normal.«
Daraufhin sagst du:

Das eigene Leben: Bei Vater und Mutter S. 77–80

Lexikon

Sind Begriffe wie »Herzblättchen«, »Honigschneck«, »Sonnenschein«, »Herzensschatz« oder »Schätzchen« für ein Lexikon brauchbar? Oder muß ihre Erklärung im Kapitel über Metaphern gesucht werden?

106 Rollenspiel

Die Erzählung »Kein Kuß für Mutter« ist eine Fabel und zugleich eine fabelhafte Anregung für ein Rollenspiel:

Bildet Gruppen von drei, vier oder mehr Schülern. Wer will Vater Tatze spielen, wer Mutter Tatze und wer Tobi? Wenn ihr wollt, könnt ihr Tobi auch noch eine Schwester, einen Bruder oder sonst wen hinzugeben.

Überlegt, welche Situation ihr spielen wollt. Möglich ist:

- Wecken, aufstehen, Morgentoilette, Frühstück und Abschied von zuhause;
- Ein Konflikt mit Eltern, Geschwistern oder Freunden – und wie er geschlichtet wird;
- Eine Familienmahlzeit, bei der Streit ausbricht...
- Ein anderer Streitfall, den ihr gerne darstellen möchtet.

Das Spiel sollte jeweils mit einer Überraschung für Mutter Tatze (den Vater nicht notwendig ausgenommen) enden.

Kirchengeschichte: Die frühe Zeit

S. 91-98

Blick in alte Geschichtsbücher. Wie über Juden gesprochen wird:

107 Jesus und Moses

»Christus hatte sich über Moses gestellt und den ›Überlieferungen der Alten‹ sein machtvolles ›Ich aber sage euch‹ entgegengesetzt. Als bei seinem Tode der Vorhang des Tempels zerriß, war das ein deutliches Zeichen für das Ende des Alten Bundes. Durch seinen Geist führte der Herr seine Kirche zur Lösung vom Judentum.«

- Überprüfe den ersten Satz anhand von Mt 5,17-19. 21 f. 27. 31 f. 33 ff. 38 f.
- Bedenke folgenden Einwand: »Die Vermutung, Jesus setze sich hier über die Tora hinweg, ist falsch; er hat vielmehr die Tora vertieft. Wieso kann man daraus eine Aufhebung machen?«

Überlege:

1. Ist das Zerreißen des Tempelvorhangs als historische Tatsache oder als Metapher zu verstehen?
2. Wer sagt, der Alte Bund sei zu Ende? Ist es jüdische oder christliche Sicht?
3. Bedeutet »Alter Bund«: Vergangener Bund oder Erster Bund?
4. Wie sehen heutige Juden den Gottesbund mit Israel?

108 Jesus und das Volk Israel

»Mit besonderer Fürsorge hatte sich Gott des Volkes Israel angenommen, um es vorzubereiten auf das Kommen des Erlösers und seines Gottesreiches ... Welches Echo aber fand Christus im jüdischen Volke? ›Er kam in sein Eigentum, aber die Seinen nahmen ihn nicht auf‹ (Joh 1,11). Der größte Teil des Volkes Israel hat sich im Glauben nicht für Christus und sein Reich erschlossen ... Nur ein kleiner ›heiliger Rest‹ des auserwählten Volkes trat in die Christusgemeinde über, in das neue Israel, das sich aus Juden und Heiden (Röm 9,24) zusammensetzt.«

– Die Größe der Bevölkerung zur Zeit Jesu läßt sich nur schätzen. Vielleicht waren es in Galiläa und Judäa etwa 600.000 Juden, die meist in Dörfern und kleinen Städtchen lebten. Nur Jerusalem könnte etwa 100.000 Einwohner gehabt haben. Natürlich gab es damals noch keine Zeitungen und kein Radio, die über die Ereignisse in Stadt und Land hätten berichten können. Wer erfuhr überhaupt von Jesus? Jesus war ein Wanderlehrer. Er lehrte in Dörfern Galiläas, erst zuletzt in Jerusalem. Von allen jüdischen Zeitgenossen konnten ihn nur wenige kennenlernen; wahrscheinlich nicht

Lexikon

Antiochia: Mehrere Städte des Altertums hießen Antiochia. Die Stadt, in der man die Jesus-Jünger erstmals »Christen« nannte, wurde 300 v. Chr. 25 km von der Ostküste des Mittelmeeres in Syrien gegründet. Der Gründer Seleukos gab der Stadt den Namen seines Vaters Antiochos. 64 v. Chr. machte der Feldherr Pompeius Antiochia zur Hauptstadt der neuen römischen Provinz Syrien. Das Christentum gewann hier seine früheste heidenchristliche Gemeinde. 637 n. Chr. wurde Antiochia von den Arabern erobert.

Apostelkonzil: Um 48/49 verhandelten die Jerusalemer Gemeindeältesten mit den Abgesandten von Antiochia über die Anerkennung von Heidenchristen; diese Verhandlung heißt Apostelkonzil. Über den Vorgang gibt es zwei Berichte: Apg 15 und Gal 2,1-10. Anlaß war die Frage, ob man Jude werden müsse, wenn man zur Jesusgemeinde gehören wolle. Man entschied zugunsten der in Antiochia geübten Praxis: die Jesusnachfolge sei von der Zugehörigkeit zum Judentum zu trennen. Man vereinbarte zugleich aber vier Einschränkungen: → Jakobusklauseln.

einmal 1 Prozent. Es gab keine »Massenveranstaltungen«. Was folgt daraus für die verallgemeinernde Rede vom »Volk Israel«?
– Zu der frühesten Jesus-Gemeinde haben seine Schüler und Freunde gehört. »Der größte Teil des Volkes« wird von ihnen nicht einmal gewußt haben. Warum schieben Bücher, wie das oben zitierte, »dem Volk Israel« selbst heute noch Schuld zu? Hatte und hat diese Schuldzuweisung Folgen?

109 Angenommen, die frühen Mitglieder der Jesus-Gemeinde hätten in einem Personalausweis ihre Religionszugehörigkeit nennen müssen, was hätten sie eintragen lassen?

---

110 *Beantworte:* Wie nannten sich die Mitglieder der Jesus-Gemeinde anfangs untereinander? ____________________

Wie sprachen sie sich wechselseitig an? ____________________

Welcher Name wurde ihnen von Außenstehenden gegeben?

Wo nannte man die Jesusleute zum erstenmal Christen?

Wo liegt diese Stadt? ____________________

111 Welche der folgenden Wörter sind für das Glaubensleben der Judenchristen kennzeichnend? Streiche die falschen Begriffe heraus:

Sabbat – Tempel – Kaiseropfer – Tora – Brotbrechen – Pilgerfahrt – Mission – Taufe – Altes Testament – Befreiungskampf – Meditation – Heilige Schrift – Synagoge – Marienverehrung – Sonntagsgottesdienst

112 *Erkläre:* Was sind Judenchristen?

Was sind Heidenchristen?

Byzanz, Stadt zwischen dem Schwarzen Meer und dem Mittelmeer, um 660 v. Chr. gegründet. Die bevorzugte Lage machte Byzanz zu einer wichtigen Handelsstadt. 324 n. Chr. gründete Kaiser → Konstantin hier sein »Neues Rom«. Der Bau seiner Hauptstadt ging schnell voran, so daß sie bereits 330 → als »Konstantinopel« (S. 51) feierlich eingeweiht werden konnte. Das oströmische Reich, das so begründet wurde, wird auch *Byzantinisches Reich* genannt. Es endete 1453 mit der Eroberung durch die Türken.

Diokletian (um 240–316), römischer Kaiser von 284–305. Er schuf das neue System der Viererherrschaft; seine Residenz lag jenseits des Bosporus in Nicomedia, seine Mitregenten herrschten in Mailand, Sirmium, Trier bzw. York. Diokletian organisierte die Verwaltung des Staates neu, baute die Bürokratie weiter aus und erneuerte das Finanzwesen. Großen Wert legte er auf das Hofzeremoniell mit göttlichen Verehrungsformen. Diokletian war eine der machtvollsten Persönlichkeiten der römischen Kaiserzeit. In seiner späten Regierungszeit betrachtete er die Christen als eine Gefährdung der Reichseinheit. Den Aufstieg des Christentums hat er von seinem Ruhesitz aus noch miterlebt.

Galerius (250–311), im Jahre 293 von Diokletian zum Caesar ernannt; gemeinsam mit ihm begann Diokletian 303 die Christenverfolgung. Als Diokletian 305 abdankte, wurde Galerius sein Nachfolger im Osten des Reiches. Im April 311 beendete er die Christenverfolgungen und erklärte das Christentum zur erlaubten Religion. Wenige Tage später starb er.

Die ersten Christen

113 *Setze die fehlenden Wörter ein:*

Zur Christengemeinde von Antiochien, die ____________________ und ____________________ gegründet hatten, kamen einige Leute aus ____________ ____________ und sagten: »Wenn ihr nicht durch die ____________________ zu Juden werdet, dürft ihr euch nicht zur Jesusgemeinde zählen«. Da entstand ein heftiger Streit. Einige sagten: »Wir wollen ____________________ sein, keine Juden.« Andere sagten: »Wer kein ________________ ist, gehört auch nicht zur Jesusgemeinde«. Niemand konnte den Streit schlichten. Da schickte man eine Abordnung nach ____________________ unter Führung von ________________ und ________________. Dort angelangt, trat ein Ältestenrat zusammen, um die Frage zu prüfen. Die Meinungen gingen auch hier hin und her. Schließlich nahm ________________ das Wort und sagte: »Die Brüder und Schwestern aus dem Heidentum müssen nicht ____________________. Sie sollen aber durch ihre Lebensweise den ________________ Gemeindemitgliedern kein Ärgernis geben und darum ____

____.«

Von dieser Zeit an unterschied man zwischen ____________christen und ____________christen. In den späteren Jahren wurde der Graben zwischen

Jakobusklauseln, die Apg 15,29 genannten Bedingungen für Heidenchristen, Götzenopferfleisch, Blut, Ersticktes und Unzucht zu meiden; um die Tischgemeinschaft zwischen Judenchristen und Heidenchristen weiterhin zu ermöglichen, sollten auch die Heidenchristen die Speisegebote der Tora befolgen.

Konstantin (nach 280–337): Als sein Vater Konstantin Chlorus Kaiser im Westen wurde, blieb K. bei Diokletian und begann eine militärische Laufbahn im Osten. 306 gestattete ihm der neue Kaiser des Ostens, → Galerius, mit seinem Vater nach Britannien zu gehen; dort starb der Vater in York. Daraufhin rief die Armee K. zum Kaiser aus. Zunächst sicherte K. Britannien und Gallien, zog dann nach Italien und besiegte 311 den Mitkaiser und Konkurrenten Maxentius. 313 erklärte er das Christentum für das gesamte Reich zur erlaubten Religion. Später, als er Alleinherrscher geworden war, erhob er das Christentum zur offiziellen Religion, duldete aber die alten Religionen weiterhin. Er organisierte das erste Kirchenkonzil zu → Nicäa. Wahrscheinlich betrachtete er Christus als mächtigsten Sonnengott; den jüdischen Jesus von Nazaret und dessen Botschaft hat er wohl kaum verstanden. Erst den Tod vor Augen, ließ er sich taufen.

Lateran-Palast, Residenz der Päpste auf dem Gelände einer ehemaligen Kaserne der Kaiserlichen Leibwache und den Grundstücken der Familie Laterani. Die Liegenschaften kamen durch Schenkung Kaiser Konstantins in kirchlichen Besitz. – Daneben entstand die Lateran-Basilika, s. Religionsbuch, S. 102.

beiden Gruppen immer breiter und tiefer. Die Christen aus dem ________________ lebten weiterhin nach der Tora, die Christen aus der griechisch-römischen Welt verstanden immer weniger vom ____________ und mißachteten es oft. Sie machten einander Vorwürfe und schließlich entstand eine traurige Feindschaft. Spuren dieser Feindschaft finden sich bereits in den ____________________________.

114 *Ergänze:*

Das Christentum breitete sich in der römischen Welt ______________ aus. Dazu trugen die Verkehrsverbindungen bei. Die ersten neuen Gemeinden entstanden in ______________ städten am Mittelmeer. Vor allem ________ Leute bildeten die ersten Gemeinden. Der eifrigste Missionar war __________ , ein Zeltmacher aus Tarsus, der früher zur Gruppe der ________________ gezählt hatte und nun unermüdlich neue Gemeinden gründete. Etwa 150 Jahre später behauptete ein christlicher Schriftsteller: »Wir Christen sind erst von gestern und füllen schon den Erdkreis . . .« Die griechische und römische Umgebung verstand die Christen im allgemeinen nicht. Man hielt sie für ____________ und gefährlich. Man traute ihnen böse Zauberkräfte zu. Darum hatte Kaiser ________ leichtes Spiel, die Schuld an einem ____________ in Rom den Christen in die Schuhe zu schieben.

Wer ist es?

115 Sein Vater wird allgemein als »Finsterling« beschrieben. Zur Geburt seines Sohnes soll er gesagt haben: »Ein Produkt von Agrippina und mir kann ja nur abscheulich und für die Zukunft Roms schädlich sein.« In den frühen Kinderjahren erhielt er keine konsequente Erziehung. Mit drei Jahren verlor er den Vater – wahrscheinlich für den Jungen kein großes Unglück. Auch die Mutter konnte sich um das Kind nicht kümmern. Wegen politischer Machenschaften mußte sie ins Exil. Die »Erziehung« übernahmen ein Tänzer und ein Friseur. Als die Mutter zurückkehrte, bekam er den Philosophen Seneca als Lehrer, aber manches war schon nicht mehr

Messias (hebräisch: der Gesalbte), ursprünglich die Bezeichnung für den israeliti-schen König. Später verbindet sich mit M. die Hoffnung auf einen Erlöser und die Wiederherstellung des jüdischen Königreiches und Tempels, verbunden mit Frieden für die Juden und die Welt. In Zeiten besonderer Not war diese Sehnsucht so stark, daß mehrfach Menschen als Messiasse auftraten, die Rettung versprachen. Auch Jesus wurde von einigen Zeitgenossen als politischer M. angesehen, obwohl er selbst den M.-Titel nicht für sich in Anspruch nahm. Doch haben ihn seine Jünger als M. erlebt und verkündet.

Nazoräer, eine in Judäa häufig vorkommende Bezeichnung für Jesus (in den Evangelien und der Apg bereits 15 mal). Von Jesus wurde der Name auf seine Jüngerschaft übertragen.

Nero (37–68), er wurde Kaiser, nachdem sein Vorgänger und Stiefvater Claudius von seiner Mutter Agrippina vergiftet worden war. In den ersten Regierungsjahren war er noch ein maßvoller Herrscher; er überließ seinen Lehrern die Regierungsgeschäfte, während er selbst der Kunst, der Musik, dem Sport und dem Theater nachging. Seine Ausschweifungen machten ihn aber zunehmend unbeliebter. Da er dem alten Adel mißtraute, ließ er viele reiche Senatoren hinrichten und zog deren Vermögen ein. Schließlich war seine Regentschaft nur noch ein Terrorregime. Als Revolten ausbrachen, floh N. und beging Selbstmord. Seine letzten Worte: »Welch ein Künstler geht mit mir verloren!«

Nicäa (Nikaia), bedeutende griechische Stadt, die als Ort geradezubiegen. Dabei war der Junge hochbegabt. Er dichtete, spielte die Kithara, war ein waghalsiger Sportler, der mit gefährlichen Wagenrennen von sich reden machte. Gleichzeitig führte er das Leben eines leichtsinnigen Kunststudenten, der nachts durch die Straßen und Kneipen Roms zog, verspätete Bürger anrempelte und in die stinkenden Kloaken stieß. Meistens entwickelten sich aus solchen Zwischenfällen Prügeleien, bei welchen der junge Mann, ohne daß er erkannt worden wäre, gehörige Hiebe bekam. Weil er blaue Flecken und Beulen nicht verbergen konnte, ließ man ihn schließlich nur noch in Begleitung junger Offiziere in Zivil auf seine Randaliertouren durch die Stadt.

In späteren Jahren verlor der talentierte Mann immer mehr inneren Halt. Er geriet unter den Einfluß krimineller Speichellecker. Nun kamen alle Schattenseiten seines Charakters voll zum Durchbruch: maßlose Eitelkeit als Künstler, Grausamkeit und Feigheit. Durch Mordaufträge suchte er mißliebige Menschen zu beseitigen; seinen Lehrer Seneca zwang er zum Selbstmord, die Zahl der wegen Majestätsbeleidigung Hingerichteten stieg ständig. Man traute ihm bald jede Schandtat zu, beispielsweise eine folgenschwere Brandstiftung. Schließlich geriet er durch Aufstände in eine ausweglose Lage und beging Selbstmord.

Wie hieß der Mann? ________ Was sind seine Lebensdaten? ________

Wo begegnet ihr ihm im Religionsbuch? ________________

Welches sind die Indizien (Anhaltspunkte) für deine Antwort?

____

____

116 Mit Lobsprüchen ist er überschüttet worden: »Schon beim ersten Ausritt warfen dir die Krieger den Purpur über. Du wolltest entfliehen und gabst dem Pferde die Sporen ... Aber welches Roß wäre schnell genug, dich der Herrschaft zu entziehen?« Es wurde auch erzählt, sein Vater habe krank gelegen »und sich gegrämt, daß die übrigen Kinder so mißraten waren; da erschien ihm ein Engel und befahl ihm, die Herrschaft jenem Sohn (dessen Namen wir suchen) zu hinterlassen.«

Tatsächlich verdiente er sich seine Herrscherwürde in mehrjährigen Kriegen in Britannien und Gallien. Als ihm dann die Kaiserwürde zufiel, teilte er sie zunächst mit drei weiteren Regenten; alle waren gleichrangig. Nachdem aber der Mitkaiser in Rom gegen ihn konkurrierte, machte sich unser Mann auf den Weg nach Rom, um den Rivalen in seine Schranken zu weisen. Zuvor hatte er noch schnell einen Einfall der Franken zurückgeschlagen und die Gefangenen in der Arena zu Trier den wilden Tieren vorgeworfen. Nun besiegte er den Gegenspieler aus Rom, der fliehend im Tiber ertrank. Die Christenverfolgung beendete er. Zugleich verbündete er sich mit den Christen und räumte ihnen besondere Vorteile ein.

In den folgenden Jahren schaltete er seine Mitkaiser einen nach dem anderen aus und wurde schließlich Alleinherrscher des Römischen Rei-

des ersten Kirchenkonzils 325 berühmt wurde. Hier wurde das Glaubensbekenntnis von N. verfaßt. Der zugrunde liegende Streit ging um das Verständnis der Gottheit Christi. Weil dieser Streit die Christenheit zu spalten drohte, griff Kaiser Konstantin darin ein. Er zog in das Konzil »wie ein von Gott Gesandter« ein, während die Bischöfe in ehrfürchtigem Schweigen an den Wänden vor ihren Sitzen standen.

Sepphoris, Ort in Galiläa, auf einem Berg 6 km nördlich von Nazaret. S. war seit 56 v. Chr. Bezirkshauptort (»Kreisstadt«), wurde 3 v. Chr. durch Varus zerstört, von einem Herodes-Sohn als Hauptstadt von Galiläa wieder aufgebaut. Die Bevölkerung war vorwiegend hellenistisch, nicht jüdisch. Josephus befestigte S. zu Beginn des jüdischen Krieges (67–70), doch stand die Bevölkerung auf der Seite Roms und ergab sich ohne Widerstand. Ausgrabungen haben ein römisches Theater freigelegt.

Titus (39–81), römischer Kaiser (79–81), Sohn Vespasians, diente in den Armeen in Germanien und Britannien und später unter dem Oberbefehl seines Vaters im jüdischen Krieg. Als Vespasian Kaiser wurde, führte T. den Krieg in Judäa zu Ende. Im Jahre 70 eroberte er Jerusalem, wobei der Tempel in Brand gesteckt wurde. Seine Errungenschaften ließ er im Titus-Bogen am Forum in Rom verewigen (Religionsbuch, S. 54). Während seiner kurzen Regierungszeit als Kaiser (79–81) war er milde und beliebt. Der Schriftsteller Sueton nannte ihn die »Freude des Menschengeschlechts«.

Zerstörung des Tempels: Nach der Vernichtung des ersten Tempels durch die Babyches. Seine Residenz verlegte er nach Osten und gab ihr seinen Namen. Seine Mutter, die schon vor ihm Christin war, pilgerte als eine der ersten nach Jerusalem. Eine Legende erzählt, sie habe dort das Kreuz Jesu wiedergefunden. Ihr Sohn aber, obwohl er »Bischof der Bischöfe« genannt wurde, zögerte weiterhin, Christ zu werden. Erst als ihn eine tödliche Krankheit befiel, ließ er sich unter die Taufbewerber aufnehmen. Er empfing die Taufe in seinen letzten Lebenstagen. Seine Regierungszeit brachte dem Christentum die Weichenstellung in eine gänzlich andere Zukunft.

Wer war dieser Mann? ____________________ Wann ist er gestorben?

____________.Wo überall im Religionsbuch ist von ihm die Rede?

________________________ Wie hieß seine Mutter? ____________

Womit begründest du deine Antwort?

____

____

lonier 586, entstand von 520–516 der Zweite Tempel, einfacher als der von König Salomo erbaute; → Herodes der Große (S. 45) ließ ihn 20–19 v. Chr. umbauen und reicher ausstatten. Als Jerusalem 70 n. Chr. erobert wurde, fand auch der Tempel und der Opferkult sein Ende (→ Titus). Erhalten geblieben sind nur Teile der ehemaligen Umfassungsmauer, die als Klagemauer für Juden ein Ort des Gebetes geworden ist.

117 Die Konstantinische Wende

Unter Kaiser Konstantin wurde das Christentum durch den römischen Staat anerkannt. Vieles wurde jetzt neu und anders bewertet. Welche Veränderungen bewirkte Konstantin für:

Sonntag – Bischof von Rom – Kreuz – Kreuzigung – Gladiatorenkämpfe – Kriegsdienstverweigerung – Rechte der Juden.

Gib zu jedem dieser Stichworte eine kurze Erklärung.

Test

1. Hat sich Jesus ☐ nur an die jüdischen Landsleute ☐ nur an die Römer ☐ an Juden und Griechen ☐ an alle Menschen seiner Zeit gewandt?
2. Wie ist der Name »Christen« entstanden?
3. Wo gab es die ersten Christengemeinden im Römischen Reich? Warum entstanden sie gerade dort?
4. Welche Folgen hatte die Zerstörung der Stadt Jerusalem und des Tempels für das Judentum?
5. Was sind Heidenchristen?
6. Warum glaubten Menschen aus der griechischen Welt, die Christen seien gottlos (Atheisten)?
7. Welchen Treuebeweis verlangten die Kaiser Decius und Diokletian von den Christen?
8. Was meint der Begriff »Konstantinische Wende«?

Kirchenbau: Von der Hauskirche zur Basilika

S. 99–104

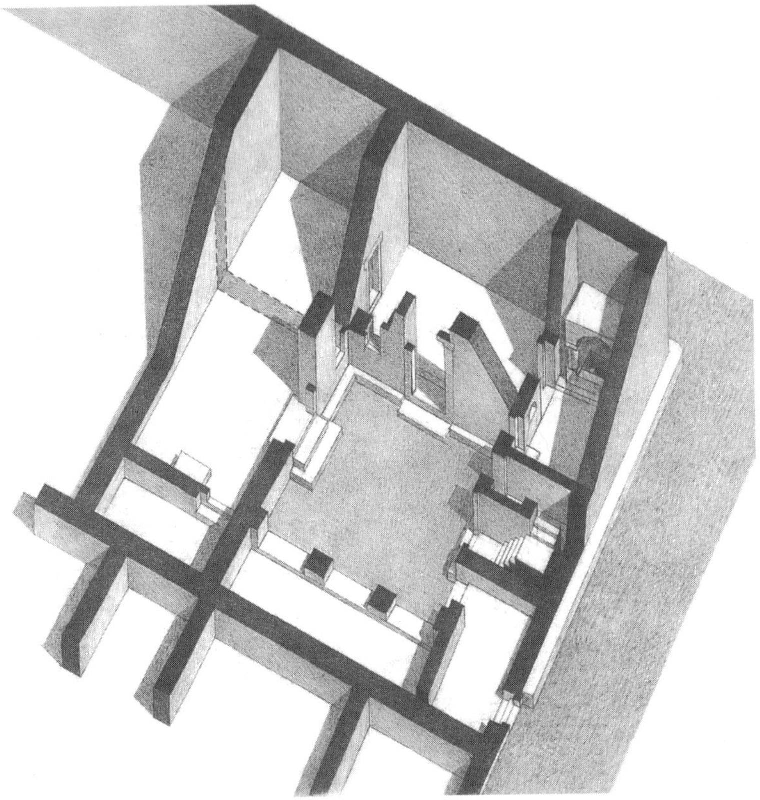

118 Die Hauskirche von Dura-Europos

Die Zeichnung stellt die Hauskirche von Dura-Europos vor, wie sie aus der nachträglich verstärkten Stadtmauer ausgegraben wurde.

Beschrifte folgende Räume:
Versammlungs- und Gottesdienstraum
Taufraum
Sakristei
Offener Innenhof
Vorbereitungsraum für Täuflinge
Säulenhalle

Bezeichne (oder hebe farblich hervor):
die Gasse
den Eingang
den Sitzplatz für den Leiter des Gottesdienstes
das Taufbecken
die Treppe zum Flachdach

Beantworte:
An welcher Seite des Hauses befand sich die Stadtmauer?
Warum sind auf der Zeichnung die oberen Räume schräg angeschnitten, während nach vorne hin nur die Fundamente sichtbar sind?

Lexikon

Altar (lateinisch: Erhöhung, Opferstätte). In der griechischen Welt war der Altar nicht an einen Tempel gebunden; er konnte auch frei in der Landschaft stehen. Die frühchristliche Hauskirche kannte keinen A., sondern den gemeinsamen Tisch (lateinisch: *mensa*), um den sich alle Anwesenden versammelten.

Apsis (griechisch: Rundung), halbkreisförmiger Abschluß eines Raumes, meist an Basiliken, Palästen und Kirchen.

Aquileia, Stadt in Nordostitalien, etwa 10 km von der Adria entfernt, 181 v. Chr. von den Römern gegründet, um am Alpenübergang zwischen Mitteleuropa und Italien eindringende Kelten abzuhalten. 452 n. Chr. wurde A. von dem Hunnen-König Attila zerstört.

Basilika, griechisch: königlich(e Halle), bei den Römern Markt- oder Gerichtshalle, die geschäftlichen, militärischen, religiösen oder gerichtlichen Zwecken diente. Gleichzeitig war die B. allgemeiner Treffpunkt. Im Städtebau des Römischen Reiches gehörte die B. zum Standardprogramm für jedes Forum (Marktplatz).

Bischof, aus dem Griechischen abgeleitetes Lehnwort. Ursprünglich waren damit Verwaltungs- und Aufsichtsbeamte gemeint, zum ersten Mal spricht Phil 1,1 von »Bischöfen und Diakonen« in der (heiden-) christlichen Gemeinde. Ihnen stehen in judenchristlichen Gemeinden die »Ältesten« gegenüber. In der folgenden Zeit verbindet sich mit dem B. das Bild des Hirten. Nach 1 Tim 3,1–13 muß der Bischof nicht nur verwalten

119 Die konstantinische Lateran-Basilika

Hier ist eine Zeichnung des Kircheninneren der konstantinischen Basilika in Rom. Trage folgende Baubezeichnungen ein:

Mittelschiff – Seitenschiffe – Apsis – Arkaden – Lichtgaden – Dachstuhl – Satteldach – Pultdach

und leiten, sondern auch lehren können. (→ Fridolin Stier, S. 22, übersetzt das griechische Wort für Bischof mit »Übersichtsamt«, Diakon mit »Dienstamt«)

Diakon, Dienstamt in der frühchristlichen Gemeinde, das den → Bischöfen zugeordnet ist. Aufgaben der Gemeindeverwaltung und soziale Dien ste gehörten zum Arbeitsbereich der D. Ursprünglich waren Männer und Frauen als D. tätig.

Dura-Europos, Militärsiedlung am Euphrat, mit griechischer und einheimischer Bevölkerung. Im 2. Jh. wurde D. von den Parthern besetzt, von den Römern erneut in Besitz genommen. Bis zur Zerstörung der Stadt durch das Sassanidenreich um 257 n. Chr. war D. römisch. Weil ganze Gebäude in die Befestigungsanlagen mit hineingebaut wurden, blieben diese erhalten; Ausgrabungen haben einige Häuser wieder freigelegt.

Eucharistie (griechisch: Danksagung), Bezeichnung für die Feier des »Herrenmahles« (Abendmahles) in der christlichen Gemeinde.

Klemens von Alexandria (* 140/150), Kirchenschriftsteller, seit etwa 200 Leiter einer privaten Schule in der ägyptischen Stadt.

Laterankirche, die nach der Anerkennung des Christentums 313 von Kaiser Konstantin gestiftete Basilika (→ Lateran-Palast, S. 56). Der heutige Raumeindruck zeigt die Spuren der Baumaßnahmen späterer Jahrhunderte.

Lichtgaden, Fensterreihe des Mittelschiffes über den Pultdächern der Seitenschiffe.

Menschen der Kirche: Perpetua und Martin

S. 105–111

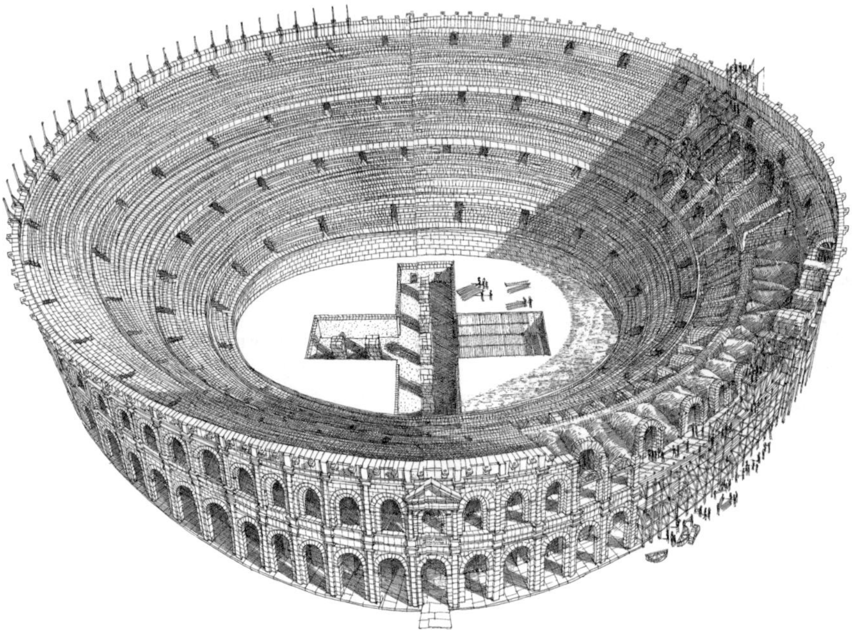

120 Ausfüllrätsel

Die nachfolgend gesuchten zwanzig Begriffe, mit ihren ersten und letzten Buchstaben je von oben nach unten gelesen, nennen eine Erfahrung, wie sie sich auch mit dem Tod der Vibia Perpetua verbindet:

1. Verwaltungsbezirke, in die Diokletian sein Reich gliederte; den gleichen Namen haben die »Verwaltungsbezirke« der katholischen Kirche (Ein zahl).
2. Opfertisch
3. Er hat gesagt: »Ich weiß, daß ich nichts weiß«; ein weiser Mann, ein großer Lehrer, der selbst nichts schrieb, aber einen Schüler hatte, wie ihn nicht viele Lehrer finden. Der Schüler hieß Platon.
4. Königshalle, Gerichtsstätte, öffentliches Zentrum, Kirche
5. Mitte des Paradieses, Symbol des Lebens
6. Selten gewordener Laubbaum, der durch einen Käfer in seiner Existenz bedroht wird
7. Dort lebte jener Professor, der vor einem Gänseblümchen stehen blieb . . .
8. Was den Unterricht lebendig macht, den Lehrer nicht allein reden läßt
9. »Man kann mich vor- und rückwärts lesen, und nur ein Hauch verbindet mich. In mir vereinigen zwei Wesen der Regel nach auf immer sich. Zum Himmel kann ich dir auf Erden, bisweilen auch zur Hölle werden.«

Lexikon

Amiens, in Nordfrankreich gelegene Stadt.

Amphitheater, (von griechisch *amphie*, um-herum), eine Arena, die vollständig von Zuschauern umgeben ist. Das Spielfeld war unterkellert; die Holzplanken konnten abgenommen werden, dann ließen sich die Räume mit Wasser füllen, etwa um Krokodile und Nilpferde miteinander kämpfen zu lassen. Die Sensationslust war groß. Trotz des Christentums fand die letzte Tierhetze erst im Jahr 523 statt. – Die Stierkämpfe in Spanien und Südfrankreich sind immer noch ein Nachhall der grausamen römischen »Spiele«.

Blutgerichtsbarkeit: Recht, Todesurteile fällen zu dürfen.

Gallien (»gallischer Boden«), das von den Galliern oder Kelten bewohnte Land. In einer Reihe von Kriegen sicherte Caesar 58–51 v. Chr. die Vorherrschaft Roms in Gallien (dem heutigen Frankreich).

Geta, Sohn des Kaisers Septimius Severus und Bruder Caracallas. 189 geboren, wurde er 198 zum Caesar nobilissimus ernannt, und er erhielt eigene kaiserliche Würden. In den Jahren 203/204 hielt sich die kaiserliche Familie in Karthago auf; in diese Zeit fällt die Verurteilung der Perpetua und ihrer Gefährten.

Julian (331–363), als Neffe Konstantins des Großen geboren; er überlebte die Ermordung seines Vaters und aller Verwandten durch Konstantius II. J. wurde abseits vom Hof erzogen und lernte, die griechische Kultur zu lieben. Im Geheimen kehrte er zum alten

10. Was den Unterricht unmöglich macht, die Nachbarklasse stört, die Lehrer ärgert, die Verursacher abstumpft
11. Er malte auf zwölf Farbfelder Symbole des Lebensbaumes, eine festliche Komposition
12. Semitisches Volk, meist islamischen Glaubens
13. und so weiter (lateinische Abkürzung)
14. Kaiser regieren es, manch einer ist es, die meisten wollen es werden
15. Berg in Galiläa
16. Jemand, der in Indien ernsthaft Yoga Übungen betreibt
17. Von der Wölfin gesäugt, wurde er zum Stadtgründer, doch erschlug er den eigenen Bruder
18. Worin alle Zeit mündet
19. Königliche Blume
20. Kirchliches Dienstamt, das früher auch Frauen offen stand.

Der gesuchte Satz lautet:

____

____

____

____

____

1			
2			
3			
4			
5			
6			
7			
8			
9			
10			
11			
12			
13			
14			
15			
16			
17			
18			
19			
20			

121 Vergleiche die Reiterbilder auf den Seiten 110/111. Benenne die wichtigsten Unterschiede.

____

____

____

____

Götterglauben zurück; die Erfahrungen in der eigenen christlichen Verwandtschaft machten ihm diese Entscheidung leicht. 355 wurde er von Konstantius zum Caesar und Statthalter von Gallien und Germanien ernannt. 360 riefen die Soldaten J. zum Kaiser aus. Von da an versuchte er, das Heidentum öffentlich wieder einzuführen. Er ließ Tempel neu errichten und erlaubte auch den Juden, ihren Tempel zu Jerusalem wiederaufzubauen. Das Christentum nannte ihn mißachtend *Julian Apostata*, d.h. der Abtrünnige.

Karthago, auf einer Halbinsel im Golf von Tunis (Nordafrika) günstig gelegene Stadt, um das Mittelmeer von hier aus zu beherrschen. Von den Römern 202 v. Chr. besiegt, 146 dem Erdboden gleichgemacht, wurde das Gebiet zur römischen Provinz *Africa*. Das neue K. und wurde Provinzhauptstadt. Nach dem 3. Jh. wurde es ein Zentrum des Christentums, später Hauptstadt des Vandalenreiches, bis es die Araber 697 zerstörten.

Mars, römischer Kriegsgott. Im alten römischen Kalender war der erste Monat des Jahres nach ihm benannt. Im Monatsnamen *März* lebt diese Widmung weiter. Der Name *Martinus* ist ebenfalls dem Mars zugedacht.

Poitiers, Stadt in Westfrankreich.

Sulpicius Severus, (um 363–um 420) christlicher Geschichtsschreiber, der nach einem Besuch bei Martin von Tours dessen Lebensgeschichte um 396 aufschrieb.

Tours, an der Loire gelegen, Stadt mit römischer Vergangenheit und altem Bischofssitz.

Textverzeichnis

Abbildungsverzeichnis

Zeichnungen / Karten: Annemarie und Josef Schelbert, Olten.

Das Arbeitsheft ist dem Religionsbuch für das 5./6. Schuljahr (ISBN 3-491-75173-X) zugeordnet.

Auflage 4 3 2 1 / 96 95 94 93

Gesamtherstellung: Bercker, Kevelaer
ISBN 3-491-75509-3